Mon premier achat immobilier

Petit guide pour ne pas vous planter pour les 20 prochaines années

Avant-propos

Avril 2013

Avril 2013. Jeune cadre dynamique fraîchement diplômé, je pense à ce que vient de me recommander mon banquier : il est bon que je me « constitue un patrimoine » et pour cela que j'achète un appartement pour y résider et ne plus « jeter un loyer par les fenêtres chaque mois ».

Aussitôt dit, aussitôt fait – ou du moins aussitôt commencé. Je me retrouve donc devant mon ordinateur, à passer quelques soirées sur internet à me documenter : les prix des appartements, les meilleurs endroits, ce à quoi il faut faire attention, les prêts aidés... Étant parisien, trouver « quelque chose de bien » et qui entre dans mon budget ne sera pas facile.

Et ce d'autant plus qu'au fil des recherches la complexité du sujet ne semble que croître. Je tombe sur des sites m'expliquant qu'il est bien plus astucieux d'investir pour louer ; d'autres affirmant qu'acheter un appartement pour y vivre si l'on pense déménager dans moins de sept ans est une grave erreur ; d'autres enfin prédisant une chute importante de l'immobilier dans les mois à venir, avec une cohorte de ménages surendettés...

Au fil des recherches chaque piste possible se subdivise en plusieurs, comme les branches d'un arbre de plus en plus touffu : l'achat d'une résidence principale est conseillé parfois le plus tôt possible, parfois une fois installé dans la vie, parfois jamais, parfois dans le neuf, parfois dans l'ancien... Quant à l'investissement locatif, c'est encore plus complexe : il se décompose en location nue, meublée, avec ou sans avantages fiscaux, saisonnière, de courte durée... Les avantages fiscaux se décomposent eux-mêmes en dispositifs aux noms improbables : Pinel, Censi-Bouvard, Malraux, Girardin...

Janvier 2016. Je reçois un e-mail de ma banque : j'ai obtenu le prêt pour l'achat du bien immobilier que je convoitais. J'en avise mon agent immobilier qui organisera le rendez-vous chez le notaire. Un de plus. Le troisième immeuble en trois ans. Petit coup d'œil à mon compte en banque : mes locataires actuels ont bien réglé leurs loyers. Tout semble tourner dans le meilleur des mondes immobiliers, je suis un (multi-)propriétaire serein.

Qu'est-ce qui a changé entre-temps ? J'ai mis au point une *stratégie*. C'est-à-dire que j'ai identifié mes objectifs et mis en place les moyens pour les atteindre. Et évité les pièges qui auraient non seulement pu me coûter des dizaines de milliers d'euros, mais aussi me bloquer pour plusieurs années.

C'est cette stratégie que je voudrais partager avec vous aujourd'hui. Et pas seulement aujourd'hui, mais aussi **dans** les mois et les années qui suivent, car ce livre ambitionne de vous accompagner sur le long terme tout au long de votre cheminement. Je voudrais non pas vous exposer une méthode (et encore moins vous pousser à faire de l'investissement locatif), mais vous amener à vous poser les bonnes questions sur ce qui constitue l'une des décisions financières les plus importantes de votre vie, parfois plus importantes encore que celles relatives à votre travail, comme nous le verrons dans la première partie.

Parmi ces « bonnes questions » ne figure pas « comment faire de l'argent avec l'immobilier ». En effet, il s'agit alors de métiers bien précis (promoteur, investisseur, marchand de biens...) ; on s'éloigne beaucoup de ce que je voudrais partager avec vous : les connaissances de base pour éviter les erreurs majeures lors de votre premier achat immobilier (et des achats suivants s'il y en a, mais ce n'est pas obligatoire).

3

Je vous souhaite une bonne lecture et beaucoup de réussite dans vos achats immobiliers.

Table des matières

Le but de ce guide étant purement informatif, les résultats décrits ne sont pas garantis car ils dépendent essentiellement du degré d'engagement et de suivi de chacun.

Introduction

1. Pourquoi un livre (de plus) sur l'immobilier ?

Pourquoi me faire confiance pour vous conseiller ?

Pourquoi me feriez-vous confiance pour vous conseiller pour votre premier achat immobilier ? Et pourquoi davantage à ce livre plutôt qu'à d'autres sources d'information, qui paraissent tout aussi fiables ? Vous avez raison. Poser cette question est un bon début d'ailleurs : identifier les partenaires fiables est un point crucial de la réussite de votre projet, comme nous le verrons en partie VI.

Soyons très clairs. Je ne vous demande pas de me suivre aveuglément. Tout au long de ces pages je vais vous décrire la méthode qui me paraît être la meilleure dans le domaine immobilier, depuis les réflexions très générales sur « quoi acheter » jusqu'aux étapes très pratiques de votre achat : par exemple un modèle de dossier pour votre banquier figure en annexe.

Mais je ne vais pas seulement la décrire : je vais surtout l'argumenter. Je ne vous demande pas de me croire mais de tester chacune des choses que j'affirmerai. Et si une étape du raisonnement vous paraît erronée, tendancieuse ou susceptible de vous induire en erreur, vous n'aurez plus qu'à envoyer ce livre aux oubliettes – et à me demander un remboursement, cela va de soi.

Pourquoi ce livre est-il différent des autres ?

Mais ce n'est pas tout. Ce livre est différent de la documentation que l'on trouve sur de nombreux sites internet et dans de nombreux livres dans le commerce, pour au moins cinq raisons.

Mes conseils s'appliquent à (presque) tout le monde

Beaucoup de sites ou de livres traitent des aspects précis de l'immobilier : comment gagner de l'argent en achetant et en revendant, comment gagner de l'argent en achetant un appartement et en louant, etc...

Mon livre est différent : il répond concrètement à la question « que faire ? » que se pose toute personne qui envisage son premier achat. En cela il vaut le coup d'être lu quelle que soit votre situation (sauf si vous êtes très riche ou, au contraire, en situation de précarité – je détaillerai ces exceptions en partie I).

Mais vous serez intéressé également si vous avez déjà acheté un ou des biens immobiliers, car vous trouverez également des stratégies plus avancées pour continuer à investir : nous verrons cela en partie VII.

Pas de publicité

Ce livre ne contient aucune publicité, directe ou déguisée. A l'inverse de nombreux sites qui vous présentent une documentation neutre en apparence, puis qui vous dirigent vers des programmes immobiliers. Un exemple parmi des dizaines : un site, que je ne nommerai pas, vous présente un « tour de France de l'investissement locatif » au demeurant plutôt bien fait, puis vous oriente exclusivement vers des dispositifs avec des investissements locatifs avec avantages fiscaux (Pinel, Malraux...), comme s'il s'agissait de la seule et unique manière d'acheter[1].

Vous avez payé mes conseils

Vous avez payé ce livre. Même si le prix n'est pas élevé, surtout rapporté aux sommes en jeu dans l'immobilier, c'est vous qui l'avez payé. Ce faisant, vous avez acheté un conseil *indépendant*. On l'oublie trop souvent mais c'est la première et principale qualité d'un bon conseil... En résumé, ce livre est ma deuxième façon de gagner de l'argent avec l'immobilier, j'ai donc tout intérêt à ce qu'il soit bon. A l'inverse des sites dont je parle ci-dessus, qui gagnent de

---

1. *Toutefois, je ferai parfois référence à d'autres livres, notamment pour développer des aspects plus techniques. Je tiens à préciser que je ne touche aucune royalties dessus ; je vous demande bien sûr d'appliquer le même esprit critique à ces livres qu'au mien et de ne pas hésiter à demander un remboursement s'ils vous paraissent vraiment « à côté de la plaque ».*

l'argent non sur la qualité de leurs conseils mais sur les publicités qu'ils vous fourguent.

Un livre basé sur des faits réels

Il ne s'agit pas ici d'un cours théorique, de spéculation. Ni d'une réflexion générale sur l'immobilier (votre but n'est pas de devenir professeur d'économie de l'immobilier, n'est-ce pas ?). Je raconte ici comment je l'ai fait, étape par étape. Et il vous permet de voir très vite si la stratégie que je propose est pertinente pour votre projet.

Vous ne payez pas au poids

Certains livres traitant d'immobilier (comme d'autres sujets pratiques d'ailleurs) se veulent extrêmement complets. Certains atteignent même les 700 pages. On y trouve à boire et à manger : des conseils pertinents, des informations exactes, mais aussi beaucoup de détails inutiles et de points techniques qui ne s'appliquent pas à votre cas. Je connais même un livre qui liste les gares des différentes villes de France.

Ces livres jouent en fait sur l'anxiété de l'acheteur, qui cherche à se rassurer en acquérant le livre le plus complet possible, afin de ne manquer aucune information importante.

Le problème est que si vous avez toute l'information, vous risquez précisément de rater les points importants, soit parce que vous aurez lu en diagonale, soit parce que vous n'aurez pas eu assez de temps pour digérer cette masse de données.

Mon objectif n'est donc pas de vous fournir « tout », ni « le plus possible », mais de vous donner les informations pertinentes sur les choix les plus importants. Pour le reste, je vous renvoie à une bibliographie, car le but est aussi de vous permettre de voler de vos propres ailes. C'est pourquoi il reste volontairement succinct afin de ne pas diluer les messages clés. Comme disent les anglo-saxons, *less is more*.

A qui s'adresse ce livre ?

Ce livre ne s'adresse pas aux experts (enfin, pas en priorité)

Ce livre s'intitule « mon premier achat immobilier ». Vous l'aurez compris, bien que j'y emploie le grand mot de « stratégie », il n'a pas pour but de faire de vous un expert de tous les domaines de l'immobilier ; il n'a pas non plus pour but de vous permettre de devenir entrepreneur de l'immobilier, ni rentier (même si les principes développés, bien appliqués, sont la voie royale pour se constituer un patrimoine extrêmement considérable grâce à l'immobilier).

Non, je m'adresse avant tout à celui qui cherche à ne pas faire n'importe quoi sur son premier achat, autrement dit à ne pas se retrouver plombé par un bien inadapté, invendable, acheté trop cher et financé de la mauvaise façon (ça commence à faire beaucoup, mais c'est ce que font beaucoup d'acquéreurs, qui parfois ne s'en rendent compte que des années après).

Ce livre s'adresse à tous

Ce livre s'adresse à vous :

- quel que soit votre lieu de résidence : grande ville, campagne, petite ville, métropole, outre-mer. La seule exception pourrait concerner ceux qui habitent hors de France dans des pays où les conditions bancaires (montants prêtés, taux) sont très différentes ;

- et quel que soit votre mode de résidence actuel : locataire, hébergé à titre gratuit ou propriétaire ; faire le bon choix dans ce domaine est d'ailleurs l'un des sujets traités en premier (et l'un des plus importants, car une erreur dans ce domaine peut vous handicaper pour des années) ;

- quel que soit votre statut professionnel : salarié ou indépendant

- quel que soit votre âge, en particulier si vous êtes jeune et si vous vous posez les « premières » questions : acheter ou louer ? Quand acheter ? Acheter oui, mais quoi ? etc...

- quel que soit votre niveau de connaissances en affaires, et tout particulièrement si vous n'avez pas baigné dans un milieu familial où l'on parle couramment de « patrimoine ». Je cherche précisément à rendre accessibles les connaissances et stratégies que possèdent soit les gens venant « d'un certain milieu », soit les gens ayant une forte expérience dans l'immobilier : mon but est que vous puissiez les utiliser pour votre projet, aussi modeste soit-il ;

- et surtout quel que soit votre projet : achat de résidence principale ou investissement locatif Il est d'ailleurs fort possible que votre projet change suite à votre lecture.

- en particulier, beaucoup de gens pensent, comme premier achat, uniquement à acheter leur résidence principale. L'idée d'un investissement locatif vient 20 ans après, une fois le crédit remboursé. Je vous propose de penser l'ensemble de vos achats comme un tout, appelé *stratégie patrimoniale*. Ne vous inquiétez donc pas si beaucoup de passages traitent de l'investissement locatif, qui ne vous concerne pas forcément... pour l'instant.

Ou presque

Enfin, vous êtes concerné quel que soit votre niveau de revenu. Je ferai toutefois deux exceptions :

- Les très riches, en clair ceux qui ont de l'argent à investir, ont d'autres opportunités que l'immobilier (actions, entreprises notamment) ; la stratégie que je présente, bien que tout à fait valable, n'est plus forcément la meilleure, surtout pour ceux qui ont un goût prononcé pour l'entrepreneuriat.

- Les ménages modestes seront intéressés avant tout par les parties 1 et 2. A partir de la partie III, la principale méthode développée considère qu'il est possible d'emprunter au moins 100 à 150 000 euros, ce qui correspond à des revenus mensuels d'environ 2000 € pour le ménage (sous réserve que vous n'ayez pas de charges). Toutefois les premières parties s'adressent vraiment à tous et sont d'autant plus utiles que plus son patrimoine et ses revenus sont modestes, moins on a le droit à l'erreur. En outre la partie VII explique comment « gonfler » sa capacité d'investissement au-dessus de ses moyens ; elle peut donc vous permettre de rejoindre les « classes moyennes » qui sont le cœur de cible de ce livre.

2. Comment lire « mon premier achat immobilier » ?

Il s'agit de faire les choses dans l'ordre

Je ne vous demande qu'une chose : lire les parties dans l'ordre. En effet elles n'ont de sens qu'enchaînées les unes aux autres, car elles constituent une argumentation qui vous convaincra que la stratégie que je vous présente est la bonne.

Par exemple, lire la partie VII, consacrée aux personnes qui vont vous aider dans votre projet (un indice : contrairement à ce qu'on lit partout, votre banquier et l'agent immobilier du coin n'en font pas nécessairement partie) n'a de sens que si vous avez déjà décidé de vous engager dans une démarche structurée, exposée dans les parties 4, 5 et 6.

Sinon c'est une perte de temps, cela consiste à lire de l'information pour le plaisir de lire de l'information : une fois encore, si vous n'avez probablement pas l'intention de devenir spécialiste de la finance ou du droit de l'immobilier (il y a d'autres ouvrages pour ça), vous avez un projet, même s'il est encore flou à ce stade.

En outre, si vous lisez les différentes parties dans le désordre, vous serez sans doute surpris par les choix que je recommande, mes conseils vous paraîtront peu adaptés (car ils sont parfois contre-intuitifs) et vous m'en voudrez, ce que je souhaiterais vraiment éviter.

A la fin de chaque partie, nous compterons ensemble combien cet ouvrage vous aura fait économiser. Vous serez surpris de voir qu'un investissement de quelques euros vous fait économiser des montants à cinq chiffres.

A une exception près

Je ne ferai qu'une exception : si vous êtes déjà convaincus que l'investissement locatif est une bonne façon de vous créer un patrimoine, vous pouvez sauter la première partie : elle traite des questions de base : se loger et/ou se constituer un patrimoine, auxquelles vous avez sans doute déjà répondu.

Vous êtes perdus ?

Souhaitant vous donner des conseils de qualité, il m'arrive d'être parfois un peu technique, même si j'ai essayé de rendre les concepts les plus simples possibles. Si vous êtes perdus, c'est souvent une question de vocabulaire : commencez donc par vous référer au glossaire en fin d'ouvrage. Si ce n'est toujours pas clair, n'hésitez pas à me contacter, je ne manquerai pas de vous répondre.

3.   Pourquoi donnerais-je mes conseils ?

C'est ma seconde façon de rentabiliser mes investissements immobiliers

Comme je l'ai mentionné plus haut, c'est ma seconde façon de gagner de l'argent avec l'immobilier, ces conseils ne sont donc pas « donnés » (même si quelques euros dépensés pour apprendre à faire un achat de plusieurs dizaines ou centaines de milliers d'euros, c'est vraiment donné).

Et je ne donne pas « tout »

Deuxième chose : je ne donne pas « tout ». Certes je détaille ma méthode immobilière en long, en large et en travers, je mets à votre disposition tous les documents que j'utilise (tableaux Excel pour déterminer si un achat en vaut la chandelle, un dossier extrêmement complet pour votre banquier, une méthode pour gérer vos listes de contacts), mais je ne vous donnerai pas de lieux précis où acheter, pour deux raisons :

- les bonnes affaires ne se font pas forcément dans un lieu précis (bien qu'elles ne puissent pas non plus se faire n'importe où, contrairement à ce qu'écrivent certains) ;
- une aide plus précise sur les lieux exacts où acheter relève d'un coaching plus personnalisé selon votre situation et vos projets et non d'un livre qui, comme je l'ai mentionné plus haut, doit rester pertinent et utile pour tout le monde.

4. Ce que ce livre est et n'est pas

Mon but n'est pas de vous faire payer des informations que l'on trouve en partie gratuitement sur internet

On trouve de tout sur internet : des informations factuelles ainsi que des conseils, avis, opinions, stratégies...

Les informations factuelles

Voici mon avis sur les informations trouvées sur internet : les informations factuelles sont en général exactes. Tout simplement parce que si une information est fausse il se trouvera toujours quelqu'un pour la démentir. Vous pouvez donc vous reposer sur internet pour ce genre d'information.

Par exemple, pour calculer le montant de vos impôts, connaître les frais de notaire, ou encore les prix dans les différents quartiers d'une ville.

Mon but n'est pas de reproduire ces informations pour avoir davantage de pages et vous faire payer plus cher. Sur ces sujets, je me contenterai donc de vous renvoyer vers des références, gratuites s'il s'agit de sites internet ou de forums, payantes s'il s'agit de livres.

Les avis, conseils et opinions

Voici maintenant mon opinion sur les conseils, avis et stratégies que l'on trouve sur internet : au pire ce sont des inepties, au mieux il s'agit de choses tout à fait sensées mais qui ne s'appliquent pas forcément à votre cas. Donc vous perdez votre temps. Et en particulier sur les forums, où chacun a son opinion sur la méthode miracle pour investir dans l'immobilier.

Mon livre a donc vocation à remplacer tout cela et à vous éviter au mieux de perdre vos soirées sur des forums, au pire de faire une erreur qui vous « plombera » financièrement pour dix ans.

Voici donc tout ce que vous ne trouverez pas

Dans beaucoup de domaines, il est parfaitement inutile de détailler tous les cas possibles : il convient juste de présenter (mais en détail) les dispositions s'appliquant à votre situation, à la stratégie que vous avez choisie. C'est pourquoi je ne cherche pas à exposer des généralités dans les domaines listés ci-dessous.

Vous ne lisez pas une encyclopédie des techniques immobilières...

- Le juridique : cet ouvrage présentera seulement ce qui vous sera utile, notamment la société civile immobilière.

- La fiscalité : je vous parlerai seulement de ce qui vous servira, notamment l'impôt sur les sociétés.

- La défiscalisation : Pinel, Censi-Bouvard, Malraux, monuments historiques, Girardin... Je sais bien que la mode est de se précipiter sur ce genre de dispositifs ; pourtant la méthode que je vous propose n'utilise aucun d'entre eux. Je ne vous en parlerai que pour vous montrer en quoi ils constituent des choix souvent assez peu pertinents par rapport à vos plans.

- Le marché immobilier : pour la voie que je vous propose, que l'immobilier monte ou baisse n'a aucune importance (oui cela peut paraître surprenant, mais je vous le démontrerai de façon très précise). Ceci vous évitera de vous faire des nœuds au cerveau pour savoir combien votre appartement vaudra dans 20 ans. Pratique, non ? Concernant le marché immobilier, seuls deux concepts sont à retenir.

Plus c'est cher, moins c'est rentable.

Paris est à 10 000 € le m². Ce qui veut dire que pour 100 000 € investis, vous aurez une chambre de bonne de 10 m². Et vous la louerez 3000 € nets par an environ. Soit 3% de rentabilité.

A l'inverse, pensez à vos amis qui habitent à la campagne, où l'immobilier est à 1000 € le m². Avec ces mêmes 100 000 €, ils peuvent acheter 4 studios de 25 m² et les louer 7000 € nets par an. Soit 7% de rentabilité. Nous aurons l'occasion d'explorer ce point en long, en large et en travers dans les prochaines parties. Car il est fondamental, il constitue rien de moins que la base de votre stratégie immobilière.

Attention : je n'ai pas dit que la recette miracle de l'immobilier consiste à acheter des studios en rase campagne. Ce serait même une voie assez rapide vers la faillite.

Qu'est-ce qui fait le prix d'un bien immobilier ?

Jusqu'à 1000 ou 1500 euros au m², il s'agit du coût de la construction elle-même : fondations, parpaings, toit, électricité… Ce prix correspond à un coût « réel », au sens ou si on veut construire un immeuble identique, il faudra payer le même prix.

Le reste du prix correspond au coût du foncier, c'est-à-dire de l'espace occupé au sol. Ce coût varie selon l'offre et la demande (plusieurs milliers d'euros dans des endroits très demandés comme Paris, quasiment zéro en pleine campagne) ; il est donc susceptible de baisser.

La conclusion ? Si vous achetez autour de 1000 € le m², vous avez moins de risques de subir une forte baisse que si vous achetez plus cher. Nous aurons l'occasion de revenir sur ce point, très important lui aussi.

- Les techniques de construction : les travaux ne sont pas la façon idéale d'investir dans l'immobilier. A moins d'avoir un goût et des compétences certains pour la matière et d'être prêt à y passer ses soirs et week-ends, ce qui n'est pas forcément votre but dans la vie. Rassurez-vous, ça n'a jamais été le mien non plus.

- La gestion de patrimoine : dès que vous aurez trois sous à placer, une nuée de « conseillers en gestion de patrimoine » sera là pour vous conseiller et récupérer des commissions. Je n'ai donc pas pour but de traiter de ces sujets battus et rebattus.

Les Conseillers en gestion de patrimoine

Faites le test : tapez « achat immobilier » sur Google, traînez un peu sur les différents sites des promoteurs et laissez votre e-mail et numéro de téléphone dans les formulaires prévus à cet effet. Vous serez immédiatement assailli par une armée de gens s'intitulant « conseillers en gestion de patrimoine ».

Soyons clairs : ces gens-là ont plein de qualités (nous verrons lesquelles après), mais il y a une chose qu'ils ne feront jamais : vous conseiller sur la façon de gérer votre patrimoine. Et voici pourquoi.

Tout d'abord ils ne peuvent pas se mettre à votre place : ils ne peuvent pas savoir combien de temps vous êtes prêts à consacrer à la gestion de votre patrimoine, quel risque vous êtes prêt à supporter, quels sont vos projets professionnels et personnels à moyen terme, ou quelles sont vos compétences.

Ensuite ils sont souvent liés à des promoteurs : en clair ils touchent une commission pour vendre les maisons et appartements construits par les promoteurs. Comme indépendance on fait mieux. Je me souviens encore de deux hommes encravatés qui voulaient absolument me faire investir dans un EHPAD (une maison de retraite) à la rentabilité faramineuse de 4%.

Ces conseillers ont tout de même un intérêt : ils sont censés connaître les produits qu'ils vendent. En clair, si vous avez déjà décidé d'investir dans un type précis de bien immobilier, par exemple un investissement locatif défiscalisant (ce que je ne conseille pas en général, mais admettons), certains conseillers pourront vous présenter en détail les biens de plusieurs promoteurs. En effet, ils ne sont en général pas liés à un promoteur en particulier, ils sont donc relativement indépendants de ce point de vue (et de ce point de vue uniquement).

Mais tout cela ne répond pas à la question : quel type précis de bien immobilier dois-je acheter ? La plupart des gens ne se posent pas la question et écoutent leur CGP. Vous, vous avez un livre entre les mains qui vous permettra de trouver vous-même la réponse.

...ni un guide de développement personnel

Ce livre ne vous dira pas :

- Comment gérer votre argent au quotidien. Beaucoup de choses ont été dites là-dessus ; vous trouverez une bibliographie à la fin du livre.

- Les meilleures façons de devenir riche : l'objectif est simplement de vous donner les clés pour éviter les erreurs lors de votre premier achat immobilier, puis de vous guider pour vous créer un patrimoine. Ce qui n'est déjà pas si mal.

- En particulier, je ne traite pas de la création d'entreprise, même dans le domaine de l'immobilier : la méthode présentée vous permettra de vous créer un patrimoine, ainsi que des revenus locatifs si vous le souhaitez, mais elle n'a pas pour but de vous transformer en gestionnaire de chambres d'hôtes.

- Comment vous motiver : si vous lisez ce livre, c'est que vous avez déjà un projet en tête. En outre il existe déjà de nombreux livres traitant de la motivation et de la réalisation de ses projets.

Pas de politique !

Beaucoup de livres ou de forums consacrés à l'immobilier contiennent de nombreuses récriminations contre les impôts et les taxes et tiennent un discours plaignant le pauvre petit propriétaire écrasé par la fiscalité. Ce n'est pas pertinent : se plaindre ne sert à rien et les gens qui ont les moyens d'acheter de l'immobilier sont relativement privilégiés (financièrement ou intellectuellement).

Pas de « combines »

Il paraît que certaines combines permettent de gagner de l'argent dans l'immobilier.

- Le marchand de sommeil :

    o louer cher des biens dégradés à des gens en grande difficulté

    o louer des surfaces minuscules (inférieures à 9 m² ou 20 m³)

- La fraude fiscale :

    o ne pas déclarer des revenus

    o déclarer des charges fictives

    o déclarer un bien comme sa résidence principale (alors que ce n'est pas le cas) afin de ne pas payer d'impôt sur la plus-value.

- La fausse déclaration bancaire :

    o falsifier ses relevés de compte, bulletins de salaire pour obtenir un crédit immobilier

    o omettre de déclarer un crédit déjà existant

Toutes ces actions relèvent du pénal et souvent de la prison ferme. Et c'est tant mieux.

De façon générale, les méthodes présentées ne cherchent aucunement à flouer l'État (c'est-à-dire vos concitoyens) ni des personnes en difficulté ; vous ne risquez donc rien à les appliquer.

En revanche, les autres acteurs (les banques, le vendeur) sont des acteurs privés, qui ne se préoccupent pas de votre intérêt et qui ne sont en général pas à plaindre. Nous les traiterons donc sans égards particuliers, mais toutefois sans jamais faire la moindre fausse déclaration ni proférer le moindre mensonge.

Mais alors, que trouverai-je dans ce livre ?

Vous l'avez compris, je n'ai pas pour but de compiler de l'information que l'on trouve par ailleurs. En fait, ce livre vous donnera les deux maillons qui manquent, le maillon « amont » et le maillon « aval ».

- En amont, choisir votre stratégie, faire les choix les plus importants à long terme. Ensuite, et ensuite seulement, vous pourrez chercher efficacement sur internet (ou dans d'autres livres) toute l'information technique pour mettre en œuvre vos plans ;

- En aval, je vous propose quelques trucs très concrets pour vous permettre de passer à l'action : en d'autres termes, une feuille de route pas à pas. Avec des exemples d'e-mails, de tableaux Excel pour analyser la rentabilité d'un investissement, un exemple de dossier pour le banquier...

Une stratégie

Pour quoi faire ?

Je pense que vous commencez à le percevoir : la difficulté, dans l'immobilier (comme pour toutes les décisions importantes d'ailleurs), n'est pas de nature « technique ». Il n'est pas difficile de trouver « comment » acheter ou investir : beaucoup de gens, de livres et de sites internet pourront vous fournir de l'information.

Non, la difficulté réside dans le « quoi » acheter, et surtout le « pourquoi » acheter, elle est de nature « stratégique ».

Vous trouverez ici ce qui est le plus rare : une stratégie. Que j'argumenterai étape par étape, pour vous convaincre de son bien-fondé.

Les petites erreurs se voient, pas les grosses

Vous verrez vite si vous avez perdu quelques milliers d'euros en achetant un logement bruyant ou mal isolé, ou en empruntant à 4% alors que vous auriez pu emprunter à 3,7%. C'est pourquoi la majorité des livres disponibles dans le commerce sont orientés sur les petites erreurs : négociation, état de l'appartement, délégation d'assurance…

Mais vous ne verrez sans doute jamais les erreurs majeures : par exemple, acheter un unique bien immobilier qui vous bloquera pendant vingt ans, là où certains en achèteront plusieurs et se constitueront un patrimoine trois fois plus important que le vôtre, tout en y mettant moins d'argent chaque mois.

Seules des formations avancées et des forums pour investisseurs traitent des aspects importants. Mon but est de mettre cette connaissance à la disposition de tous et en particulier des primo-accédants, dans un langage simple et accessible. C'est en cela que le livre est unique.

En effet, des livres et formations similaires à celui-ci existent déjà mais sont orientées vers des investisseurs déjà avertis, ou du moins des gens qui ont déjà la volonté de s'enrichir grâce à l'immobilier. Ce livre se place en amont de telles formations.

Ce que personne ne vous dit, et surtout pas votre banquier

A ce stade vous vous dites peut-être : oui mais d'autres personnes aussi sont là pour me conseiller : mon banquier, mon notaire, mon conseiller en gestion de patrimoine ou mes amis. Pourquoi aurais-je donc besoin d'un livre ? Je vous propose d'examiner le rôle de chacun.

Le banquier

Si vous êtes, comme la plupart des gens, un client « moyen », vous avez un conseiller dans votre agence bancaire. Cette personne vous paraît sans doute très importante et très savante. Très importante car elle détient le pouvoir d'accorder ou de refuser un prêt qui conditionnera l'un de vos projets les plus importants (financièrement) de votre vie. Très savante car elle emploie un vocabulaire compliqué : taux variable, taux capé, prêt lissé, assurance-vie…

En réalité neuf fois sur dix le banquier est un « petit jeune » armé d'un BTS (je n'ai rien contre les BTS, loin de moi l'idée de les dévaloriser, j'essaie juste de vous faire réaliser que la personne que vous avez en face de vous n'est pas un prix Nobel non plus) qui est payé (plutôt mal) pour vous vendre des produits bancaires : livrets divers, cartes bancaires, et parfois un crédit immobilier.

Mais il y a une chose à ne pas perdre de vue : votre « conseiller » n'a aucune idée de la façon dont on peut utiliser l'argent d'un crédit immobilier. Enfin, aucune idée juste et pertinente. A moins d'avoir lui-même acheté ou investi à titre personnel (et de l'avoir fait correctement), il n'en sait pas plus que vous.

N'ayez donc aucun complexe et si votre conseiller n'est pas bon, changez-en. Nous verrons d'ailleurs en partie 6 comment trouver un bon banquier. Enfin, comment trouver quelqu'un (le courtier) qui trouvera pour vous un bon banquier.

Le notaire

Il connaît le droit. Droit des successions, droit de l'immobilier sont ses domaines de prédilection. Il pourra vous dire si vous êtes sur le point de faire une grosse bourde juridique. Ce qui est déjà pas mal, mais ça ne fait pas tout. Il est aussi plutôt indépendant (du moins des banques et des promoteurs et agents immobilier), ce qui est plutôt positif. En revanche, comme tout professionnel, il a tout intérêt à ce que vous fassiez une transaction immobilière, cela lui permettra de vous facturer des émoluments.

Et lui non plus n'a en général que peu d'idées justes sur la façon de se créer un patrimoine immobilier ; sinon beaucoup l'auraient déjà fait.

Comme dans toute profession, il y a des bons et des moins bons. Le problème est que nous sommes souvent habitués à avoir un notaire de famille et à ne pas en changer, même s'il fait partie des « moins bons ».

Mon conseil : le notaire est un prestataire comme un autre, donc traitez-le comme tel. En clair : si vous n'en n'avez pas ou si le vôtre vous paraît moyen, contactez-en trois ou quatre et jugez-les : clarté de leurs explications, réactivité, disponibilité, qualité du contact humain.

Le conseiller en gestion de patrimoine
Le conseiller en gestion de patrimoine : nous lui avons taillé un costume un peu plus haut je crois, inutile d'en rajouter.

L'ami qui vous veut du bien
A la différence des précédents intervenants, il ne vous veut que du bien (je suppose qu'il s'agit d'un véritable ami). Mais deux problèmes se posent :

- 90% de vos amis sont comme 90% des gens : ils n'y connaissent rien en immobilier. Certes, vous trouverez des gens possédant des connaissances « techniques » : votre ami avocat aura des compétences juridiques, votre ami plombier aura des compétences en travaux, votre ami employé de banque aura des connaissances sur les crédits immobiliers. Mais vous ne trouverez quasiment personne pour répondre correctement à la seule question qui compte : « que faire ? ». Aussi chacun aura son idée sur le sujet : l'un vous dira d'acheter votre maison, l'autre de faire un investissement locatif pour payer moins d'impôts, l'autre de trouver un studio à retaper, et c'est reparti pour un tour. Mon conseil : n'écoutez pas quelqu'un qui possède moins de 5 appartements en location, il n'y connaît rien.

- 90% de leurs conseils sont comme 90% des avis et conseils trouvés sur internet : souvent justes mais pas du tout adaptés à votre cas.

Le problème lorsqu'on reçoit un conseil d'un proche, c'est qu'il est souvent difficile de ne pas le suivre. Autant vous pouvez choisir de ne plus jamais rappeler tel conseiller qui vous raconte n'importe quoi, autant il est difficile de faire le contraire de ce que votre oncle vous dit. C'est pourquoi je n'ai qu'un conseil à vous donner : évitez les conseils familiaux et apprenez auprès des professionnels, dans les livres ou dans des formations sur internet.

L'une des deux seules façons de trouver sa voie dans l'immobilier...
...est de lire ce livre !

Et quelle est donc l'autre façon ? Elle est très simple mais irréalisable pour la plupart d'entre nous.

Il s'agit de trouver un mentor, quelqu'un qui a réussi à créer un patrimoine immobilier disproportionné par rapport à son niveau de revenu : un ex-smicard propriétaire de 5 appartements par exemple. Non pas que ce soit forcément votre objectif. Mais il s'agit de la seule catégorie de gens dont on est sûr qu'ils ont tout compris à l'immobilier.

Donc même si votre projet n'est que d'acheter votre résidence principale, écoutez ces personnes. Et n'écoutez qu'elles.

Mais il y a un problème : ces gens-là sont rares. J'ai moi-même mis beaucoup de temps avant d'en approcher. Aussi je vais considérer que vous n'avez pas ce genre de personnes dans votre cercle de connaissances.

Dans ce cas, ce livre devient la seule façon de vous aider à définir une stratégie immobilière pertinente : c'est précisément pour cela que je l'ai écrit.

Et c'est pour cela que cet ouvrage est unique. Je ne dis pas cela pour me valoriser ou vous mettre l'eau à la bouche, j'exprime juste le fait que je n'ai pas trouvé sur le marché d'autre livre développant une méthode efficace à destination des ménages des classes moyennes.

Une feuille de route pas à pas

Une feuille de route, pour quoi faire ?
Et c'est tout ? Juste nous aider à trouver la bonne stratégie ? Plus de 200 pages pour ça ?

Non ce n'est pas tout : l'énoncé (et l'argumentation) de la méthode elle-même correspond aux trois premières parties du livre. Toutes les parties suivantes sont dédiées à sa mise en œuvre précise. Dans ces pages, je vous accompagne pas à pas dans toutes les étapes concrètes qui séparent la simple formulation de votre stratégie de son accomplissement : la signature chez le notaire (et la gestion de vos locataires s'il s'agit d'un investissement).

Une feuille de route et une seule

Mais si ce livre traite aussi des aspects concrets d'un achat ou investissement immobilier, alors quelle est la différence avec toute l'information que l'on trouve sur internet, concernant le choix du bien, l'emprunt, les aspects juridiques, fiscaux, pratiques ? La différence est fondamentale :

Je ne vous présente que ce dont vous avez besoin pour mettre en œuvre votre projet.

Vous avez donc deux choix devant vous.

Devenir une encyclopédie vivante de l'immobilier

Dans ce cas, arrêtez mon livre après la partie III et utilisez internet ou d'autres livres pour la suite (la mise en œuvre). Par exemple, pour le montage juridique, vous pourrez lire des centaines de pages sur tous les montages possibles et imaginables dans tous les cas. Tout cela tient en une page ici.

Vous pourrez également passer vos nuits à chercher comment convaincre votre banquier de vous prêter de l'argent : ne vaut-il pas mieux reproduire le dossier de présentation d'un projet, que je vous livre en annexe ?

À titre d'exemple, feuilletez *Immobiliez-vous !* De Marc Fiorentino. Cet ouvrage est fort bien fait et fournit plein d'informations intéressantes. Toutefois après l'avoir lu, vous saurez tout sur les différentes façons d'investir, mais vous ne saurez pas forcément laquelle choisir.

Prenons au hasard la partie consacrée aux dispositifs pour payer moins d'impôts (Censi-Bouvard, LMNP…) : vous trouverez un avis clair et concis sur chacun (« pourquoi pas », « non », « à manier avec précaution »), mais rien qui vous dise précisément ce que vous devez faire dans quel objectif.

Prenons maintenant la partie consacrée à l'apport : là au moins, l'auteur vous donne un conseil tranché : l'auteur vous affirme qu'il faut « tout liquider », c'est-à-dire utiliser toute votre épargne comme apport. Problème : je préconise exactement le contraire. Et je vais essayer de vous démontrer pourquoi. Rendez-vous en partie II.[2]

Économiser votre temps pour en consacrer davantage à votre projet

Ou bien vous pouvez suivre mes conseils pas à pas : à chaque étape, vous aurez l'information pertinente pour mettre en œuvre votre projet :

o le type de bien à acheter (et non tous les autres biens immobiliers de France qui ne correspondent pas à votre projet)

o les personnes à contacter (et non les 36 « conseillers » qui vous solliciteront dès que vous bougerez le petit doigt)

o le montage juridique approprié (et non les 56 autres montages possibles)

o la fiscalité applicable (et non les 255 autres régimes qui ne vous concernent pas).

Une feuille de route qui fonctionne

Les différentes étapes décrites dans ce livre sont à mettre en œuvre pas à pas. Et mises bout à bout elles fonctionnent, c'est-à-dire qu'elles vous permettront d'atteindre vos objectifs dans le domaine immobilier, quels qu'ils soient. Sauf s'ils consistent à devenir milliardaire, mes compétences s'arrêtent bien avant.

Quelle preuve puis-je vous donner que cela fonctionne ? Eh bien tout simplement ça a marché pour moi : j'ai atteint mes objectifs, sans disposer d'apport financier, sans passer mes soirées à retaper des appartements, sans faire de spéculation hasardeuse.

---

2. *Je tiens à préciser que je n'ai rien contre l'auteur de ce livre, que je trouve par ailleurs très clair et bien fait. Il m'a donné un bon panorama de ce qui existe, au tout début de mes recherches.*

Vous pouvez économiser de l'argent à trois titres

Tout d'abord et surtout, j'ai pour ambition de vous faire éviter les erreurs majeures, celles qui vous plantent pour 20 ans pendant que ceux qui se débrouillent bien peuvent se constituer un joli patrimoine. L'écart peut atteindre des centaines de milliers d'euros.

Ensuite, comme je l'écrivais plus haut, je vous ferai économiser votre temps : vous pourrez consacrer votre temps à votre projet plutôt qu'à avaler toutes les informations possibles sur tous les domaines de l'immobilier.

Enfin, de façon accessoire, je vous aide à choisir votre stratégie et, à partir de là, à sélectionner les informations complémentaires dont vous avez besoin. Et uniquement ce dont vous avez besoin. Ainsi vous n'achèterez que les livres (et, pour les plus motivés, les formations) qui sont nécessaires à votre projet. Ceci représente une économie de plusieurs dizaines d'euros, voire centaines d'euros pour des formations en ligne.

5. Au fait je ne me suis pas présenté

Le moment est venu de me présenter. Non pas pour vous raconter ma vie ou me vanter de mes succès immobiliers, mais pour donner de la crédibilité à la méthode que je vous présenterai.

Âgé de 30 ans (nous sommes en 2016), je suis haut fonctionnaire. Ayant la chance d'avoir un métier intéressant et (je le pense sincèrement) utile, je n'ai pas l'intention de le quitter. C'est pourquoi ce guide ne s'intitule pas « comment faire fortune avec l'immobilier et vivre sous les cocotiers » : ça ne m'intéresse pas et je n'ai pas la solution. Et je suppose que ce n'est pas non plus votre projet.

Toutefois je me suis rendu compte du problème que je vous expose en partie I: même avec un salaire confortable, il est plus que difficile de se constituer un patrimoine respectable, surtout dans les grandes villes. Vous n'avez d'ailleurs normalement aucune chance de rattraper quelqu'un qui a eu la chance d'hériter d'un appartement. C'est comme cela que je me suis intéressé peu à peu à l'immobilier, d'abord pour acheter ma résidence principale, puis pour investir. Je me suis ainsi constitué un patrimoine et des revenus immobiliers considérables.

Sans vous révéler le détail de mes revenus, trois points sont importants :

- certes, je disposais d'un bon salaire en début de carrière, ainsi que d'un statut de fonctionnaire, ce qui constitue une aide pour emprunter. Toutefois la méthode que je vous présente ici est parfaitement transposable quel que soit votre niveau de revenus (sous réserve, comme je le mentionnais plus haut, que vous puissiez tout de même emprunter 100 à 150 000 €).

- je ne disposais d'aucun apport (enfin si : 7000 € obtenus en vendant ma voiture).

- j'ai commencé à m'intéresser à l'immobilier à l'âge de 26 ans. Peu de temps m'a donc été nécessaire pour bâtir mon patrimoine, alors même que j'ai beaucoup tâtonné, n'ayant pas de méthode telle que celle que vous tenez entre vos mains.

Enfin pour toutes questions, commentaires ou suggestions, n'hésitez pas à me contacter sur contact@mon1erachatimmobilier.com. Cela va de soi mais je préfère vous le dire : je déteste le spam autant que vous, aussi je n'utiliserai JAMAIS votre e-mail pour vous fourguer des publicités, quelles qu'elles soient.

Maintenant que les présentations (brèves, mais l'essentiel est dit) sont faites, entrons dans le vif du sujet. Et commençons par nous poser les bonnes questions.

Partie I. Pourquoi acheter un bien immobilier ?

1. Pour vous loger

Pour vous loger et c'est tout

Prenez le temps de vous poser la question. Asseyez-vous, prenez une feuille de papier et un stylo, un verre d'eau s'il le faut, et essayez de répondre à la question : pourquoi souhaiterais-je acheter un bien immobilier ?

La première réponse qui vous viendra probablement à l'esprit sera : « pour me loger ». Si vous loger est votre unique objectif, que vous n'avez aucune visée patrimoniale d'aucune sorte, et qu'après avoir acheté votre résidence principale vous n'aurez plus aucune intention d'achat jusqu'à la fin de votre vie, alors ce guide n'est pas pour vous.

Mais vous loger est-il bien votre seul et unique objectif ? Si tel était le cas, une location fait aussi bien l'affaire. Alors cherchez encore.

Pour vous loger et vous assurer de le rester en toutes circonstances

La réponse suivante, là encore assez courante, est une variante de la première : être propriétaire est vu comme l'assurance d'avoir un toit. Ce n'est plus seulement se loger, c'est avoir l'assurance d'être logé quels que soient les aléas de la vie, c'est *se mettre à l'abri*. C'est vrai, mais seulement en partie.

Là encore, si vous êtes persuadé qu'être propriétaire est votre assurance tous risques et si vous avez la ferme intention, une fois votre résidence principale achetée, de ne plus jamais investir, inutile d'aller plus loin dans votre lecture.

Mais avant de le refermer, lisez donc l'encadré suivant. Sans prétendre remettre en cause l'opportunité d'acheter son toit, il vous montrera que le sujet est suffisamment complexe pour mériter qu'on s'y attarde.

Être propriétaire, une assurance tous risques, vraiment ?

Tout d'abord, être propriétaire de sa résidence principale n'est pas l'assurance absolue contre les aléas de la vie. En particulier en cas de chômage, cela peut freiner la mobilité et rendre plus difficile la recherche d'un nouvel emploi. Des études[3] ont même mis en lumière le fait que les

---

3. Notamment D. Blanchflower et A. Oswald, 2013.

pays avec des taux de propriétaires élevés (France, Espagne) sont confrontés à un taux de chômage plus élevé, du fait de la moindre mobilité de la main-d'œuvre.

Acheter sa résidence principale, c'est aussi (en général) prendre un crédit. Dont les échéances ne peuvent pas être revues à la baisse (en principe). En cas de difficultés à payer, vous encourrez de sérieux problèmes. Alors que rester locataire, c'est se donner la flexibilité de déménager dans un logement moins cher en cas de coup dur.

Acheter sa résidence principale, c'est enfin la revendre lorsqu'on déménage, par exemple suite à une mutation professionnelle. Et rien ne dit que vous pourrez « bien revendre » à ce moment-là... Prenons l'exemple de la famille Hélipert qui achète une maison pour 200 000 € en 2008. Enfin, 220 000 € avec les frais d'agence et de notaire. En 2014, M. Hélipert a une promotion dans la filiale chinoise de son entreprise. La crise étant passée par là, il revend sa maison 180 000 €. Lorsqu'il reviendra en 2016, la même maison vaudra peut-être 220 000 €, enfin 242 000 € avec les frais. Où l'art de perdre 42 000 € en trois ans.

A ce stade, nous ne pouvons tirer aucune conclusion sur le fait de savoir s'il faut ou non acheter sa résidence principale, et dans quel cas (non verrons en partie II pourquoi c'est souvent une bonne idée, à certaines conditions).

2. Pour vous constituer un patrimoine

Nous arrivons là à la seconde raison d'acheter un bien immobilier : se constituer un patrimoine, ou en d'autres termes « ne plus jeter bêtement un loyer par la fenêtre chaque mois ».

Pourquoi se constituer un patrimoine ?

Les raisons de se constituer un patrimoine ne manquent pas :
  - ne pas tomber dans la pauvreté en cas de perte d'emploi

- léguer un bien à ses enfants
- bénéficier d'un revenu complémentaire pour la retraite
- bénéficier d'un revenu complémentaire avant la retraite, pour des vacances, des loisirs, travailler moins, ne plus dépendre d'un patron, changer de métier, créer son entreprise
- pour une toute petite minorité, devenir rentier.

Pensez toutefois à une chose : vos objectifs. Le but n'est en effet pas d'acheter un bien immobilier pour acheter un bien immobilier. Celui-ci doit servir vos objectifs de vie, que vous devez avoir définis au préalable.

Les livres sur le sujet ne manquent pas. Dans la suite, je pars du principe que vous souhaitez vous constituer un patrimoine, peu importe la raison et peu importe son importance. Je ne développerai donc pas davantage ce sujet et vous renvoie à la bibliographie.

Permettez-moi juste un conseil : ne visez pas trop bas, ne manquez pas d'ambition car vous n'êtes pas plus bête qu'un autre : si vous avez des projets, des envies, mais que vous manquez de moyens pour les réaliser, lancez-vous. Pourquoi votre voisin, qui a eu la chance de toucher un héritage conséquent, pourrait-il travailler à mi-temps, s'impliquer dans des associations, aller au restaurant, voyager, et pas vous ?

3. Vous loger et vous constituer un patrimoine, est-ce la même chose ?

L'objectif de cette partie n'est pas (pas encore, cela va venir), de trancher la question : faut-il que j'achète ma résidence principale ? Non, nous en sommes encore à soulever les questions de fond et à remettre en cause les idées reçues.

Une première idée reçue est la suivante : pour se loger tout en se constituant un patrimoine, acheter son logement est la meilleure solution. Regardons ce qu'il en est dans quelques cas, selon l'endroit où vous habitez.

La famille Rigot

Pierre-Antoine et Marie-Anne Rigot habitent Paris. Ils louent un appartement de 32 m² pour 800 €/mois. Cet appartement vaut 250 000 € (eh oui, les prix à Paris frisent les 8 000 € au m²). Pour l'acheter, un crédit sur 25 ans leur coûterait 1300 €/mois. Un peu cher, non ?

La famille Hézay

Intéressons-nous maintenant à la famille Hézay, qui habite à la campagne dans les Vosges. Ayant de très bons revenus, elle loue une villa de 250 m² pour 1300 €/mois. La même maison vaut 250 000 € et l'acheter avec un crédit sur 25 ans coûte 1300 €/mois. Dans ce cas, le choix est vite fait, non ?

La famille Rigot stratège

Revenons à notre famille parisienne, les Rigot. Pierre-Antoine vient de recevoir un héritage très considérable : 250 000 € justement (qui a dit que je prenais les chiffres qui m'arrangent dans mes exemples ?). P.-A. Rigot pense immédiatement à acheter son appartement. Mais M.-A. Rigot, ayant passé quelques jours dans les Vosges chez les Hézay, propose à son mari une autre idée : avec cet argent, pourquoi ne pas acheter une villa de 250 m² dans les Vosges, la même que celle des Hézay ? Et la mettre en location pour 1300 €/mois, tout en continuant à payer 800 € de loyer à Paris ? 500 € d'argent de poche chaque mois, ce n'est pas rien.[4]

La famille Hézay et leur ami, M. Matuvu

Retournons voir la famille Hézay. Ayant reçu un héritage, ils ont acheté leur maison. Sur les conseils de leur ami, M. Matuvu, ils prennent un crédit (1300 €/mois) pour acheter un bien à Paris (qui leur rapporte 800 €/mois, avant

---

4. *Attention, je n'ai jamais dit qu'acheter une villa en pleine campagne était une bonne idée !*

impôts). M. Matuvu leur dit qu'à Paris, les prix ne peuvent que monter. Et puis être propriétaire à Paris, c'est quand même chic. Chic oui, mais était-ce le meilleur choix ?

Conclusion : dépenser de l'argent, ce n'est pas en gagner

Actif et passif, ce n'est pas la même chose

Nous voyons ici que nous abordons deux concepts totalement différents : se loger, c'est dépenser de l'argent ; se constituer un patrimoine, c'est en gagner, même si vous n'en profiterez que dans 20 ans (nous verrons en partie VII comment en profiter à très court terme, mais continuons sur les notions de base).

Ceux qui ont fait un peu de comptabilité reconnaîtront deux notions clés :
-   l'actif, qui rapporte de l'argent : posséder une machine, un brevet, une entreprise, un bien immobilier ;
-   le passif, qui coûte de l'argent : contracter une dette, par exemple.

Mon but n'étant pas d'écrire un livre de techniques financières pointues, nous laisserons là ces notions, que nous reprendrons en partie II.

Se loger et investir, ce n'est pas forcément la même chose

Certaines personnes (c'est mon cas, mais je n'ai pas la prétention d'affirmer que vous devriez tous faire comme moi) décident d'ailleurs de dissocier complètement les deux aspects :
-   d'un côté, elles se logent, et peuvent rester locataires de nombreuses années si elles habitent dans un endroit où l'immobilier est cher à acheter (au hasard : à Paris).
-   d'un autre côté, elles achètent pour louer afin de se constituer un patrimoine et des revenus.

C'est ainsi que l'on peut tout à fait être propriétaire de 10 appartements et louer le sien !

Je sais que cela peut paraître surprenant, car dans le discours dominant, acheter et se loger, c'est la même chose. Mais si l'on lève un peu le nez du guidon, on voit que c'est pourtant le cas dans d'autres domaines.

Prenons l'exemple d'un garagiste de voitures de sport. Il gagne sa vie avec les voitures de sport. Pour autant, possède-t-il lui-même une voiture de sport ? Pas forcément. S'il a trois enfants sans doute préférera-t-il un monospace. Et s'il a une voiture de sport, c'est sans doute en plus, par passion, et non pas à la place de sa voiture de tous les jours.

Comme quoi, il dissocie bien :
- ce qui lui fait gagner de l'argent (les voitures de sport)
- ce dans quoi il dépense son argent (acheter un monospace pour sa famille).

Et tout le monde trouve cela normal.

Alors pourquoi ne pas faire la même chose dans l'immobilier ?

A ce stade de la lecture, nous n'avons pas de certitude sur les bons choix à faire en matière d'immobilier (patience, cela va venir), mais nous savons trois choses :
- c'est un sujet compliqué
- tous les choix ne sont pas les bons, certains sont même franchement mauvais
- et vu les enjeux vous n'avez pas le droit à l'erreur. Ou du moins pas le droit à une grosse erreur (à moins d'en avoir les moyens, comme la famille Hézay de l'exemple ci-dessus).

Polir le muda

Pour être clair, tout ce que je souhaite à ce stade de la lecture, c'est vous avoir convaincu qu'il est important de se préoccuper des *vrais sujets*, ceux qui ont une importance à cinq chiffres.

Or paradoxalement, beaucoup de gens consacreront beaucoup moins de temps et d'énergie aux *vrais sujets*, qu'à d'autres beaucoup plus périphériques : faire quelques heures supplémentaires pour gagner quelques dizaines ou centaines d'euros par mois par exemple.

Reprenons l'exemple de M. Hélipert, qui a perdu 42000 € en vendant sa maison au mauvais moment. Pour la petite histoire, M. Hélipert faisait des heures sup' pour augmenter sa rémunération de 300 euros par mois (7500 € en trois ans, après impôts) ; ayant peu de temps pour s'occuper de son patrimoine, il avait décidé de se reposer entièrement sur son notaire pour décider de vendre sa maison. Vente qui lui a coûté cher dans notre exemple, certes un peu tiré par les cheveux.

Polir le muda

Polir le muda est une expression utilisée dans une entreprise que j'ai connue. Polir le muda, c'est essayer d'améliorer quelque chose qui marche mal et qui ne pourra jamais bien marcher. Toute l'énergie de l'équipe est focalisée sur les améliorations à apporter au système alors qu'il vaudrait mieux le changer entièrement.

Par exemple, si un travail est fait en double pour rien, rien ne sert de se faire des nœuds au cerveau pour essayer de faire travailler les employés 10% plus vite. Mieux vaut ne réaliser le travail qu'une fois.

Quel rapport avec l'immobilier, me direz-vous ?

Dans l'immobilier, celui qui polit le muda est celui qui fait un choix mauvais ou moyen à la base mais qui dépensera toute son énergie à essayer de le faire marcher moins mal. Par exemple, celui qui s'endettera lourdement pour acheter le mauvais bien au mauvais endroit au mauvais moment, mais qui grappillera quelques euros sur la commission de l'agent immobilier ou qui réalisera un montage juridique complexe pour payer moins d'impôts.

Beaucoup se persuadent ainsi de faire d'excellentes affaires. Malheureusement beaucoup se croient alors autorisés à donner des « conseils » aux autres.

J'ai par exemple un ami qui avait, il y a deux ans, le même niveau de revenus et le même patrimoine que moi (en clair, de bons revenus mais aucun patrimoine). Suite à un choix moyen (un appartement qui lui coûtait de l'argent chaque mois, les loyers étant inférieurs aux mensualités), il est

---

> resté bloqué au stade d'un seul appartement. Là où j'en ai maintenant plusieurs. Pourtant cet ami avait tout optimisé : montage juridique complexe via une société civile immobilière, des jours et des jours de travaux pour refaire lui-même l'appartement. Je le regardais d'ailleurs en 2013 comme un gourou !

J'espère que vous êtes maintenant plus que convaincu de vous attaquer aux vrais sujets, aux questions de fond, et que vous êtes fermement décidé à cesser de polir le muda.

Continuons à explorer les notions de patrimoine et d'immobilier, avec quelques chiffres clés à retenir.

4. Quelques chiffres à retenir

Pourquoi vous ne rattraperez jamais un propriétaire

Considérons Alain et Bernard, 30 ans tous les deux. Alain vient d'hériter d'un appartement de 50 m² à Paris (ou d'une maison de 150 m² dans une ville de province). Il a eu de la chance : ses parents ont acheté ce bien pour une bouchée de pain il y a 15 ans et les prix ont triplé depuis. Petit exercice de calcul : si Bernard veut avoir le même patrimoine et le même niveau de vie qu'Alain, combien doit-il gagner ?

Le calcul est simple, et fait peur. L'appartement ou la maison d'Alain vaut au bas mot 400 000 €. Soit 440 000 € avec les frais d'agence et de notaire. Bernard prend un crédit sur 25 ans. Il lui en coûtera des mensualités de 2200 €. Pour les payer, il devra gagner, avant impôts (30%), 3150 € de plus qu'Alain. Autrement dit, si Alain gagne 3000 € nets par mois, Bernard devra gagner 6150 €.

Et ce n'est pas tout : Alain, n'ayant aucun crédit sur le dos, pourra emprunter pour acheter un second bien (résidence secondaire ou investissement locatif), alors que Bernard sera bloqué par son *taux d'endettement* (nous verrons cette notion en partie V). Selon des calculs plus avancés, si Bernard veut réellement rattraper Alain, il devra gagner autour de 7500 € nets par mois (au minimum).

Voici donc un premier enseignement fondamental : jamais, jamais, jamais, vous ne rattraperez un propriétaire, en tout cas pas sans une vraie stratégie d'investissement. Dans un cadre beaucoup plus large, l'économiste Thomas Piketty, dans *Le Capital au XXIème siècle*, analyse brillamment ce retour d'une société patrimoniale et parle même d'une société de petits rentiers.

Je vous laisse digérer ce constat démotivant.

Et voici maintenant deux très bonnes nouvelles :
- vous faites désormais partie des 5% de la population qui sont conscients de cet état de fait ;
- avec ce livre vous faites partie des 1% qui rattraperont leur retard.

Petit avertissement à ce stade

Pour ceux qui voudraient aller trop rapidement à la conclusion : certes, les inégalités de patrimoine se sont creusées à cause de la hausse de l'immobilier dans les années 2000 : les prix de certains appartements en centre-ville ont triplé. Mais si vous souhaitez combler ces inégalités, ce n'est pas avec les mêmes méthodes que vous y parviendrez. Autrement dit, ne vous précipitez pas sur un appartement en centre-ville en vous disant que sa valeur triplera dans les 20 ans.

Pour faire un parallèle, si votre voisin s'est enrichi en gagnant au loto, ce n'est pas une raison pour tenter de faire pareil.

Nous verrons pourquoi dans la partie V et je vous dirai ce qu'il faut faire à la place.

Mais vous avez besoin d'une stratégie

A ce stade j'espère vous avoir convaincu d'une chose : sans une stratégie réfléchie, vous pourrez accumuler autant d'heures sup' que vous voudrez, vous ne parviendrez jamais à rattraper ceux qui ont la chance d'avoir un patrimoine conséquent.

Ce mot « stratégie » peut paraître un peu « too much » pour le simple achat d'une maison. Toutefois si vous souhaitez vous créer un patrimoine, c'est la clé.

5. Une stratégie oui, mais laquelle ?

Des stratégies différentes selon votre situation

Je vais maintenant vous présenter les grands types de stratégies qui peuvent vous convenir, selon votre situation.

Votre famille est aisée
Dans ce cas, comme je l'écrivais en introduction, vous avez de nombreux leviers à votre disposition : immobilier, actions notamment. La stratégie que je présente, bien que tout à fait valable, n'est plus forcément la meilleure, surtout pour ceux qui ont un goût prononcé pour l'entrepreneuriat.

Vous faites partie des ménages modestes
Votre priorité est d'assurer un logement à votre famille. Si vous êtes susceptible de perdre votre emploi, assurez vos arrières et jouez la sécurité. Toutefois, jouer la sécurité ne consiste pas forcément à acheter sa résidence principale, surtout si c'est pour prendre un crédit sur 30 ans que vous risquez de ne plus pouvoir rembourser en cas de perte d'emploi.

Votre stratégie est donc la même que celle des classes moyennes. Toutefois les modalités de mise en œuvre différeront : par exemple en partie IV, j'explique pourquoi je recommande, en matière d'investissement locatif, un investissement d'une certaine ampleur (par exemple, trois petits appartements d'un coup, pour 150 000 € par exemple). Dans votre cas, vous pourrez commencer par un seul studio, pour 40 000 € par exemple. L'important sera dans tous les cas de respecter les principes d'investissement exposés en partie II.

Enfin, vous tirerez profit de la partie VII : elle détaille notamment comment se regrouper (par exemple avec d'autres membres de sa famille) pour pouvoir investir des montants plus importants. En suivant ces consignes, vous obtiendrez le même « pouvoir d'investissement » que les classes moyennes. Tous les chapitres vous sont ouverts désormais.

Vous faites partie de la classe moyenne

Personne n'est d'accord avec personne sur où commence et où finit la classe moyenne. Dans notre cas, comme mentionné en introduction, je considérerai qu'il vous est possible d'emprunter au moins 100 à 150 000 euros, ce qui correspond à des revenus mensuels d'environ 2000 € pour votre ménage.

C'est à vous que ce livre s'adresse en priorité.

6. Je n'oublie pas ma promesse

Je vous avais promis une chose dans l'introduction.

Vous vous souvenez de quoi il s'agissait ?

Non ?

Vous ne vous en rappelez pas ?

Moi je m'en souviens : je vous avais promis à la fin de chaque partie, de chiffrer avec vous combien d'argent vous avez évité de perdre bêtement. Je tiens ma promesse.

En ayant lu cette partie, vous ne commettrez pas d'erreur majeures, comme par exemple :

-   acheter votre résidence principale pour la revendre à perte

-   chercher à gagner quelques centaines d'euros de plus par mois et ne pas voir que vous en perdez dix fois plus par rapport à quelqu'un qui est déjà propriétaire.

La première erreur peut vous coûter des dizaines de milliers d'euros. Quant à la seconde, sur une vie elle vous coûtera des centaines de milliers.

Et maintenant passons à la suite : le choix de votre stratégie.

Partie II. Quelle stratégie devez-vous choisir ?

1. Acheter sa résidence principale

Quelques inconvénients

Si tel est votre projet, lancez-vous

Nous avons vu dans la première partie les inconvénients et les dangers auxquels vous vous exposez en achetant votre résidence principale. Toutefois, acheter sa résidence principale, c'est se mettre à l'abri, c'est avoir un toit. Cette sensation sécurisante fait que pour la grande majorité des gens, le premier achat ne peut être que celui de sa résidence principale.

Je ne vais pas remettre en cause cette idée, même si j'ai moi-même procédé différemment (j'ai d'abord acheté pour louer, puis ensuite seulement ma résidence principale). Si tel est votre projet, lancez-vous. Mon but n'est surtout pas de vous dissuader, bien au contraire.

Voici seulement quelques règles pour ne pas « couler ».

Les deux pièges absolus à éviter

Tout d'abord, votre achat de votre résidence principale ne doit pas vous endetter au point de ne plus pouvoir emprunter ensuite. Il faut vous laisser de la marge. Par exemple, si vous gagnez 2000 € par mois, évitez un crédit de 700 €, vous ne pourriez alors plus rien emprunter et vous seriez bloqué pour 20 ans. C'est malheureusement ce que font la majorité des gens. Si vous êtes dans ce cas, lisez quand même cet ouvrage : la partie consacrée aux stratégies avancées vous permettra peut-être de vous sortir de l'impasse.

Ensuite, évitez d'acheter si vous pensez déménager dans les 5 ans. Cela paraît évident, mais on ne compte plus les ménages qui revendent à perte suite à une mutation professionnelle (comme la famille Hélipert dans l'exemple de la partie I), un divorce ou une famille qui s'agrandit. Là encore cela paraît évident mais beaucoup de gens se font piéger de cette façon.

Ces points fondamentaux étant posés, examinons la question plus en détail.

Deux critères simples pour savoir si vous pouvez acheter

Ces deux pièges nous fournissent deux critères pour savoir si acheter sa résidence principale est une bonne idée. S'ils sont respectés tous les deux, ne vous posez plus de question, allez-y. Si ce n'est pas le cas, continuez à creuser le sujet.

- Le premier critère est une mensualité inférieure au loyer : si vous habitez à la campagne, dans une zone où les prix sont très peu élevés, acheter en s'endettant sur 25 ans ne vous coûtera pas plus cher que de payer un loyer : le choix est vite fait : achetez. Inversement, si vous habitez dans un endroit ou l'immobilier est très cher (Paris, Côte d'Azur), le choix est vite fait aussi : n'achetez surtout pas.

- Le second critère pour acheter est rempli si vous êtes sûr que vous ne déménagerez pas dans les cinq ans.

Vous avez ici un raisonnement synthétisé à l'extrême. Si vous souhaitez en savoir plus, il existe des lectures qui développent le sujet en plus de 140 pages.[5]

Bilan : vous savez qu'acheter sa résidence principale n'est pas toujours la première chose à faire

Nous avons fait un exercice pratique (en partie I) autour de la famille Hélipert, qui voit 42 000 € s'envoler en achetant une résidence principale qu'elle revend suite à une mutation professionnelle. Je ne reviendrai pas sur ce sujet.

Passons au second exercice et pour cela retournons voir M. et Mme. Rigot, nos amis de la partie I qui louent un appartement à Paris pour 800 € par mois.

- S'ils veulent acheter cet appartement, qui vaut 250 000 €, cela leur coûtera 1300 €/mois pendant 25 ans.

- Inversement, en restant locataires, les Rigot économisent 500 €/mois, soit 150 000 € en 25 ans. 150 000 € ? Pas du tout.

---

5. Acheter ou louer, *ebook gratuit de Charles Dereeper, disponible sur Objectifeco.com : même si je déteste le ton très polémique et politiquement orienté du livre, je dois avouer que c'est de loin ce que j'ai trouvé de plus complet et de plus exact sur le sujet.*

Beaucoup plus. Ces 500 €/mois, placés en actions à 6%, constitueront au bout de 25 ans un capital de 340 000 €.

Dans cet exemple les Rigot ont très nettement intérêt à rester locataires, la différence est de 90 000 €.

Vous me direz que j'ai oublié l'inflation, la hausse ou la baisse de l'immobilier et la fiscalité. C'est vrai. C'est pourquoi le calcul ci-dessus est totalement faux. Il ne vise qu'une chose : finir de vous convaincre que la question « acheter ou louer » est un *vrai sujet*, autrement dit un sujet à cinq chiffres et que la réponse est loin d'être automatique (sauf dans le cas cité au paragraphe précédent).

Alors, que faire ?

Je vous propose une réponse très simple :

- creusez le sujet avec le livre cité dans la bibliographie

- tant que vous n'êtes pas sûrs, ne faites rien.

Ne croyez pas toujours votre banquier...

Si vous rencontrez votre banquier, il ne sera sans doute pas du même avis que moi. Il ne vous parlera probablement que d'une chose : l'achat de votre résidence principale.

N'oubliez pas la façon dont je vous ai décrit ce personnage en partie I : le banquier est là pour vous vendre des produits bancaires et un crédit immobilier sur 20 ans est la meilleure façon de vous faire rester dans sa banque.

Mon conseil ? Écoutez-le poliment, mais décidez seul. La responsabilité est la seule chose qui ne se délègue pas.

...Malgré ce que disent vos proches

Si vous discutez de ce sujet avec vos proches, ils ne seront sans doute pas du même avis que moi. Comme votre banquier, ils ne vous parleront probablement que d'une chose : l'achat de votre résidence principale.

En effet, être propriétaire de sa résidence principale est une marque de statut social ; c'est aussi considéré (parfois à tort, comme nous l'avons vu plus haut) comme une sécurité.

Certes, mais est-il toujours judicieux de dépenser plus de 100 000 € pour acquérir un tel statut social ? Pour faire un parallèle un peu tiré par les cheveux, achèteriez-vous une voiture à 100 000 € pour frimer ?

Vous me direz que ce n'est pas la même chose, une voiture se dégrade avec le temps alors qu'un logement prend de la valeur. C'est vrai. C'est pourquoi, alors que j'affirme sans hésiter qu'acheter une voiture de luxe est TOUJOURS une mauvaise idée, j'ai une position beaucoup plus nuancée sur l'achat de sa résidence principale.

A ce stade de la lecture, vous avez peut-être évité une mauvaise décision à cinq chiffres. Vous avez donc largement rentabilisé votre achat. Mais ce n'est que le début. Examinons maintenant d'autres stratégies.

Acheter ou louer, ce n'est pas une question de « moment »

La majorité des personnes que vous croiserez ne vous parleront que d'une chose : le « moment d'acheter ». Pour certaines, c'est le moment d'acheter, pour d'autres, c'était il y a dix ans, avant la flambée de l'immobilier, pour d'autres encore, ce sera dans quelques années, quand les prix auront baissé.

Quel est le conseil que je vous donne sur le sujet ?

Je ne vous donne aucun conseil.

Acheter ou louer n'est pas une question de moment. Vous l'avez vu, les critères dont je parle ci-dessus n'ont rien à voir avec la hausse ou la baisse de l'immobilier. Et de toute façon, n'étant pas voyant, je serai bien en peine de vous faire la moindre prévision en la matière.

2. Réaliser un investissement locatif

Je n'ai pas encore acheté ma résidence principale, est-ce un problème ?

Nous allons maintenant examiner une seconde stratégie immobilière, qui consiste à acheter pour louer. C'est ce qu'on appelle un investissement locatif.

Ceci peut se faire soit avant, soit après l'achat de sa résidence principale. Pour ma part j'ai commencé par de l'investissement locatif, mais je ne prétends pas faire de mon cas une généralité.

Si vous avez déjà acheté votre résidence principale en respectant les principes énoncés au paragraphe précédent, il doit vous rester une « capacité d'emprunt ». Autrement dit, vous devriez être encore capable d'emprunter pour acheter un bien (même petit) et le louer. Ce chapitre est donc pour vous.

Inversement, si vous n'avez pas encore acheté votre résidence principale, vous avez sans doute une crainte : si j'achète aujourd'hui un bien pour le louer, pourrai-je acheter ma résidence principale lorsque je voudrai le faire ? Ne serais-je pas trop endetté ?

Je vous rassure tout de suite : la stratégie que je présente ne vous empêchera absolument pas d'acheter votre résidence principale. Au contraire, elle vous facilitera cet achat car vous aurez davantage de revenus et de patrimoine. Ce chapitre est donc aussi pour vous.

Il existe au moins un cas dans lequel la réponse est claire. C'était mon cas jusqu'à récemment. Parisien, je payais chaque mois un loyer de 1000 €. Si j'avais voulu acheter mon appartement, il m'en aurait coûté 300 000 €. Mais avec une telle somme, j'ai préféré investir pour louer : le bien que j'ai acheté me rapportait, chaque mois, non pas 1000 €, non pas 1500 €, mais 2000 €. Nets. Le choix était vite fait, non ?

Vous me demanderez où trouver un tel bien. Je vous réponds : il ne sert à rien de se précipiter sur un bien si l'on ne connaît pas encore les principes, les critères qui vous diront quoi acheter. Je vous donne donc rendez-vous en parties IV, V et VI. Mais en attendant, essayons de voir ce que nous recherchons dans un investissement locatif.

Un investissement locatif qui ne plombe pas pour l'avenir

La première chose que vous devez demander à un investissement locatif n'est pas de vous faire gagner de l'argent. Ce n'est pas non plus de vous aider à constituer un patrimoine.

Rien de tout cela.

La seule chose que vous devez demander à un investissement locatif, c'est qu'il ne vous plombe pas votre avenir. Qu'il s'agisse de votre avenir immobilier ou, plus important, de votre avenir personnel.

Il s'agit donc de chercher un investissement :

- qui ne vous empêchera pas d'acheter plus tard votre résidence principale (si vous ne l'avez pas déjà fait) ;

- qui ne vous empêchera pas de faire d'autres investissements, si tel est votre but.

C'est pour cela que la stratégie développée ici s'applique quels que soient vos projets professionnels, personnels et immobiliers : elle ne vous empêchera jamais, jamais, jamais de faire quoi que ce soit.

L'investissement qui vous plombe pour 20 ans

Traînez un peu sur les sites des promoteurs immobiliers et faites-vous rappeler par un conseiller en gestion de patrimoine.

Dans huit cas sur dix, il s'empressera de vous conseiller un investissement défiscalisant, qui non seulement vous coûtera de l'argent chaque mois (le conseiller appellera ça pudiquement « effort d'épargne ») mais qui vous empêchera de réemprunter pour investir ou acheter votre résidence

---

principale. Bref l'exemple parfait de l'investissement qui vous plombe, et pas qu'un peu.

D'après mon expérience, dans deux cas sur dix vous tomberez sur quelqu'un de compétent.

C'est-à-dire un investissement *reproductible*

Nous allons donc rechercher un investissement qui ne plombe pas votre avenir immobilier. Mais dit comme cela, c'est encore un peu vague.

Je vais donc préciser ma pensée : un investissement qui ne vous plombe pas, c'est un investissement *reproductible*, c'est-à-dire un investissement que vous pourriez réaliser une seconde ou troisième fois, si vous le souhaitez, en vous faisant financer par votre banque aussi facilement que si c'était votre premier achat.

Certes, investir plusieurs fois n'est pas forcément votre projet. Peut-être souhaitez-vous acheter un bien immobilier, le louer, puis acheter votre résidence principale et vous arrêter là. C'est tout à fait respectable. Mais même dans ce cas, vous avez tout intérêt à ce que votre premier investissement locatif soit *reproductible*, car cela vous donnera l'assurance de ne pas être bloqué pour acheter votre résidence principale. La suite du chapitre est donc pour vous.

Inversement, c'est peut-être précisément votre projet : investir dans un bien immobilier, puis deux, puis trois, puis quatre… C'est comme cela qu'une petite minorité d'investisseurs créent un patrimoine très important. Certains dépassent le million d'euros, certains vont encore au-delà. Mon livre a pour but de vous mettre sur les bons rails pour réaliser un tel projet. Mais pour parvenir à vos fins, il vous faudra toutefois appliquer les stratégies avancées de la partie VII. Et beaucoup travailler.

En résumé, quel que soient vos projets personnels et vos projets immobiliers, quel que soit votre niveau d'ambition, vous avez un but commun si vous cherchez à faire un investissement locatif : faire un investissement *reproductible*, c'est-à-dire un investissement que vous pourrez répéter une ou plusieurs fois, si tel est votre but.

Nous avons donc vu jusqu'ici qu'il est absolument primordial de réaliser un achat immobilier qui ne plombe pas votre avenir, et que celui-ci doit donc être *reproductible*. Mais cela ne nous dit toujours pas en quoi cela consiste.

Qu'est-ce qu'un investissement reproductible ?

Un investissement est reproductible s'il réunit trois conditions :

- il ne vous a rien coûté à l'achat
- il ne vous coûte rien chaque mois
- il ne vous coûte rien à la revente.

Késaco ? Regardons chacun de ces trois critères d'encore plus près.

Un bien qui ne vous coûte rien à l'achat

Un bien ne vous coûte rien à l'achat si la banque finance pour vous la totalité de l'acquisition, frais de notaire compris. Par exemple, si vous voulez acheter un appartement à 100 000 €, c'est le cas si la banque vous fait un prêt de :

- 100 000 € pour l'appartement, y compris, s'il y en a, les travaux, les meubles et les frais d'agence

- 8000 € pour les frais de notaire

- 1000 € pour les frais de garantie (nous verrons plus loin de quoi il s'agit)

- 1000 € pour les frais divers (frais de dossier notamment).

Soit un total de 110 000 €.

Si c'est le cas, vous avez autant sur votre compte en banque après votre achat qu'avant votre achat : votre achat ne vous a rien coûté.

Petit exercice.

Vous pouvez épargner 300 € chaque mois. En outre, vous disposez de 10 000 € d'épargne. Vous achetez un premier bien immobilier (votre résidence principale ou un investissement locatif, peu importe) à 100 000 €. Mal conseillé, vous décidez de mettre les frais de notaire et de garantie de votre poche, soit 10 000 €, alors que vous auriez pu les emprunter.

Quelque temps après, vous décidez de faire un second achat du même montant. Comme vous n'avez plus d'épargne, la banque se méfie un peu et vous demande de mettre les frais de notaire. Combien de temps vous faudra-t-il pour les reconstituer ?

33 mois, soit près de trois ans.

Nous verrons en partie V comment se faire financer en quasi-totalité. Dans le jargon bancaire on appelle souvent cela un prêt à 100%, voire 110%.

Un bien qui ne vous coûte rien chaque mois

De façon simplifiée, on peut dire que c'est le cas quand les loyers que vous encaissez sont supérieurs à la mensualité que vous payez à la banque. Si tel est le cas, votre bien ne vous coûte rien chaque mois, il ne diminue pas votre niveau de vie.

Vous commencez sans doute à voir où je veux en venir : si votre bien ne vous coûte rien chaque mois, votre banque ne vous refusera pas un prêt pour acheter votre résidence principale ou pour faire un second investissement locatif.

Nous verrons toutefois en partie V que la réalité est plus complexe, et qu'un vrai autofinancement correspond à des loyers bien supérieurs à la mensualité. Par exemple, si vous devez rembourser 1000 € chaque mois à votre banque, on considérera que votre bien s'autofinance s'il vous rapporte 1400 € de loyers.

Cela peut paraître délirant, mais de tels biens existent (et des biens en très bon état, avec de très bons locataires) : j'en ai trouvé très facilement. Et je vous dirai comment les trouver en partie VI.

Le rendement

Vous avez sans doute entendu parler de la notion de rendement locatif. Par exemple, si votre bien vaut 100 000 € et que vous encaissez 5000 € de loyers chaque année, vous avez un rendement de 5%. Bien des gens vous présentent cela comme étant un bon rendement. Je ne vous dirai qu'une chose : c'est terriblement mauvais, fuyez.

Il est très important de comprendre la notion de rendement, car un bon rendement vous permettra d'atteindre l'autofinancement.

Je sens d'ici les questions venir : pour calculer le rendement, faut-il considérer les loyers charges comprises ou hors charges ? Avant ou après impôts ? Que faut-il compter dans les charges ? Et le prix du bien est-il à considérer avec ou sans les frais de notaire ? Avec ou sans les frais de garantie ?

Nous aurons l'occasion de détailler tous ces points de façon bien plus fine en commentant le tableur Excel que je vous donne en partie VI. Pour l'instant retenez simplement trois choses :

     - je définis le rendement brut comme : (loyers hors charges[6]) / (prix total[7]). En dessous de 10%, n'achetez pas car il n'y aura pas d'autofinancement.

     - je définis le rendement net comme : (loyers nets[8]) / (prix total). En dessous de 7%, abstenez-vous car l'autofinancement sera impossible.

---

6. *Hors charges (hc) signifie hors charges supportées par le locataire : électricité, eau notamment.*

7. *Prix total signifie prix d'achat + frais d'agence, de notaire, de garantie, de dossier, de création d'une société (si besoin), de billets de train... Bref, tous, tous, tous les frais liés de près ou de loin à l'achat.*

8. *Loyers nets = loyers hors charges – charges de copropriété, taxe foncière, frais d'entretien, frais de comptabilité (si besoin), impôts, TVA (le cas échéant)... Bref là encore tous, tous, tous les frais.*

> - d'autres peuvent avoir des définitions légèrement différentes : peu importe. De toute façon une discussion sérieuse sur le sujet ne peut se faire que devant un écran d'ordinateur et un tableur Excel.
>
> Quoi qu'il en soit, on voit qu'on est vraiment loin des 5% bruts que certains vous vendent.

Nous voyons ici une règle fondamentale si vous ne voulez pas être coincé par un investissement immobilier : vous devez rechercher avant tout du rendement, c'est-à-dire un bien qui rapporte des loyers élevés pour son prix.

Et pourquoi donc ?

Parce que c'est cela qui vous aidera à payer votre crédit chaque mois.

Ce point est beaucoup plus important que la future plus-value que vous pourriez éventuellement faire à la revente du bien, et que vous feront miroiter beaucoup d'agents immobiliers.

J'ai conscience que ce type de stratégie axé sur le rendement est pourtant contraire au discours dominant, à ce que fait la majorité des gens. En effet, la plupart des agents immobiliers vous feront miroiter la possible plus-value future que vous pouvez faire en achetant tel ou tel bien. C'est un choix, mais si c'est ce que vous choisissez, sachez que vous en serez de votre poche pendant dix ans au moins. Et votre poche n'étant pas extensible, vous serez très vite bloqué si vous souhaitez acheter un second bien.

Je le répète encore une fois : un achat immobilier ne doit pas réduire votre train de vie. On achète de l'immobilier pour (mieux) vivre, on ne vit pas pour acheter de l'immobilier.

> **Pensez à court terme**
>
> La quasi-totalité des offres commerciales en matière de crédit vous parlent du coût du crédit comme étant la somme des intérêts que vous payerez tout au long de votre crédit. Présenté comme cela, un crédit sur 25 ans

semble avoir un coût astronomique : souvent 50 000 € pour 100 000 € empruntés.

En réalité tous les professionnels raisonnent différemment. Ils savent que 1 € dans 25 ans vaut beaucoup moins que 1 € aujourd'hui, pour tout un tas de raisons, notamment l'inflation, la hausse future de vos revenus et la préférence pour le présent. Ces notions étant extrêmement complexes, elles sont exposées dans l'encadré suivant, dont la lecture est optionnelle.

L'important est de retenir la chose suivante : 1 € dans le futur vaut beaucoup moins qu'un 1 € aujourd'hui. Ceci a des conséquences extrêmement importantes. Imaginons que vous achetez une maison 170 000 €, avec un crédit sur 25 ans.

En apparence vous rembourserez à la banque 170 000 € de capital et environ 80 000 € d'intérêts, soit 250 000 €.

En réalité cet argent vaudra beaucoup moins : selon certains calculs, détaillés dans l'encadré suivant, il n'en vaudra que la moitié : la valeur réelle des 250 000 € que vous rembourserez à votre banque pourra n'être que de 120 000 €.

Il est impossible de déterminer précisément un chiffre, mais il n'y a qu'une chose à retenir : il faut penser à court terme et donc :

- économiser un maximum d'argent maintenant

- rembourser le plus lentement possible.

C'est pour cela que le crédit que je recommande est à 100%, voire 110% si possible (pour ne rien débourser maintenant) et sur 20 ans, voire 25 ans si possible (pour rembourser lentement, nous allons le voir dans le paragraphe suivant). C'est d'ailleurs le même principe que beaucoup d'investisseurs professionnels appliquent.

Le taux d'actualisation

1 € demain vaut moins d'1 € aujourd'hui, et ce pour au moins trois raisons.

L'inflation est la notion la plus connue, mais pas la plus importante. Supposons que les prix augmentent de 1% chaque année et qu'aujourd'hui 1 € vous permet d'acheter 100 grammes de pain. L'an prochain ces mêmes 1 € vous permettront d'acheter seulement 99 grammes de pain. Dans 25 ans ces mêmes 1 € ne vous permettront d'acheter que 78 grammes de pain. C'est pour cela qu'on dit qu'1 € dans 25 ans vaut 78 centimes aujourd'hui.

La croissance de vos revenus. Ce point est mal estimé mais est le plus important pour votre prise de décision. Vous aurez probablement des augmentations de revenus dans le futur, 1 € aura donc de moins en moins d'importance au fur et à mesure que vous devenez plus riche. En simplifiant, on peut dire que les calculs sont les mêmes que pour l'inflation : si vous pensez que vos revenus augmenteront de 1% par an, 1 € dans 1 an vaut 99 centimes d'aujourd'hui ; 1 € dans 25 ans vaut 78 centimes d'aujourd'hui, etc[9]. Mais si vous pensez que vos revenus augmenteront de 5% par an, les chiffres sont bien différents : 1 € dans 1 an vaut 95 centimes d'aujourd'hui ; 1 € dans 25 ans vaut seulement 30 centimes d'aujourd'hui !

La préférence pour le présent : n'étant pas sûr d'être encore là demain ou dans 25 ans, la plupart des gens préfèrent consommer maintenant plutôt que demain, ce qui est tout à fait rationnel. Là encore il est très difficile de mettre des chiffres là-dessus (c'est pour cela qu'aucun conseiller bancaire ne vous en parlera), mais le principe est le même : 1 € de demain vaut moins d'1 € d'aujourd'hui.

---

9. *Les économistes diront à juste titre qu'il faut raisonner en termes d'utilité et non en termes monétaires : une hausse de 1% de vos revenus ne correspond pas nécessairement à une hausse de 1% de votre utilité, et donc pas nécessairement à une baisse de 1% de la valeur de l'argent. Ce sujet étant particulièrement complexe je propose ici de le simplifier, même si ce n'est pas théoriquement tout à fait exact.*

La somme de ces trois termes (par exemple : 1% d'inflation, 5% de hausse de vos revenus et 1% représentant votre préférence pour le présent) définit votre taux d'actualisation (7% dans notre exemple).

Les entreprises calculent leurs crédits de façon professionnelle : elles ne somment pas les mensualités qu'elles paient mais les pondèrent.

Prenons un exemple simple. Imaginons que vous payez 10 000 € chaque année à votre banque pendant 20 ans et que votre taux d'actualisation est de 7%.

- avec la méthode de calcul pour les particuliers, vous payez 25 ans x 10 000 € par an = 250 000 €.

- avec la méthode de calcul professionnelle, vous payez : 10 000 € + 9346 € + 8734 € + ... + 1842 € = 116 536 €.

Il y a une différence du simple au double entre ces deux méthodes.

Un bien qui ne vous coûte rien à la revente

Lorsque vous revendez un bien, vous perdez les frais d'agence (4%) et les frais de notaire (8%). Soit au total 12%. Et un peu plus si l'immobilier a baissé entre temps. On considérera donc qu'un bien acheté 100 000 € ne vous coûte rien à la revente si vous pouvez le revendre au moins 112 000 €. Disons 120 000 € pour prendre de la marge.

Ce critère n'est pas le plus difficile à remplir. En particulier, si vous trouvez un bien qui s'autofinance vraiment (ceux dont je parle au paragraphe précédent), il vaudra sans doute plus cher que ce que vous l'avez acheté ; vous n'avez donc aucun souci à vous faire pour la revente.

Par la suite, je me concentrerai donc sur les deux premiers critères et j'oublierai le troisième, qui sera alors automatiquement rempli.

Que diriez-vous d'un petit revenu complémentaire chaque mois ?

J'imagine que le paragraphe consacré à l'autofinancement a fait « tilt » dans votre esprit : vous vous dites que si les loyers que vous encaissez sont largement supérieurs aux mensualités que vous payez à la banque, vous encaissez un peu d'argent chaque mois. C'est tout à fait vrai et c'est à mon avis l'un des moyens les plus simples d'arrondir ses fins de mois, bien plus économique que de faire des heures sup' à mon avis.

Pour autant ne pensez pas qu'il soit facile d'en arriver là : je consacre à cette stratégie les plus de cent pages qui suivent, c'est donc qu'il y a beaucoup de choses à dire.

Exemple de la famille X

M. et Mme. X gagnent 2100 € nets par mois à eux deux. M. X est infirmier, Mme. X donne des cours à mi-temps. Je précise qu'il s'agit de personnes réelles, que j'ai eu l'occasion de rencontrer lors d'un séminaire. Bien que possédant très peu d'épargne, ils possèdent maintenant quatre appartements, qui leur rapportent chacun, en moyenne, 300 € nets par mois. Soit un troisième salaire sans travailler. Lorsque leurs appartements seront payés ils pourront prendre tranquillement une retraite anticipée.

Par honnêteté je dois mentionner qu'ils ont été un peu aidés : Mme X. ayant hérité tôt, ils ont pu acheter leur résidence principale avec un crédit faible, ce qui leur a permis d'investir. Nous verrons en partie VII les stratégies avancées que vous pouvez mettre en œuvre si, n'ayant pas hérité, vous êtes « coincé » par un loyer ou un crédit important.

Cela fait réfléchir, non ? Peut-être y a-t-il mieux à faire que de s'endetter jusqu'au cou sur 25 ans pour acheter sa résidence principale. Pourquoi pas vous ?

Faire grossir son patrimoine avec des investissements reproductibles

Nous avons vu dans le paragraphe précédent ce qu'est un investissement reproductible. Voyons maintenant comment on peut l'utiliser pour se créer un patrimoine.

Ce paragraphe s'adresse à ceux qui veulent créer un patrimoine

Ce paragraphe s'adresse à ceux qui souhaitent (ou qui souhaiteront un jour) se créer un patrimoine, éventuellement important, en réalisant plusieurs investissements au cours de leur vie. Si tel est votre cas, le caractère reproductible de vos investissements est encore plus crucial, pour ne pas vous retrouver bloqués, à attendre vingt ans la fin d'un crédit.

Dans cette partie, nous allons essayer de comprendre en profondeur la notion de patrimoine, d'actif et de passif. Ne soyez pas impressionnés par ces termes techniques : nous allons voir les réalités concrètes qu'ils désignent.

L'actif et le passif : késaco ?

En partie I, nous avons vu deux définitions :
- l'actif désigne ce que vous possédez et qui rapporte de l'argent : posséder une machine, un brevet, une entreprise, un bien immobilier ;
- le passif désigne ce que vous devez, ce qui vous coûte de l'argent : contracter une dette, par exemple.

Ajoutons la notion de patrimoine : votre patrimoine, c'est ce que vous possédez, diminué de vos dettes. Autrement dit, patrimoine = actif – passif.
On parle parfois d' « actif net » : cela veut dire « net des dettes ».

Par exemple, si vous possédez une maison de 100 000 € et que vous êtes redevables de 60 000 € envers votre banque, votre patrimoine est de 40 000 €. On le présente souvent de cette façon, en deux colonnes :

Actif	Passif
Maison[10] 100 000 €	Dettes 60 000 €
Patrimoine net 40 000 €	

Pour avoir une vision plus complète on peut parfois mettre aussi les revenus et les charges, comme suit :

Actif	Passif
Maison 100 000 €	Dettes 60 000 €
Patrimoine net : 40 000 €	
Revenus	**Charges**
Salaire 2000 €	Crédits à la consommation 100 €
Reste à vivre 1900 €	

Afin d'alléger les tableaux je ne mentionnerai les revenus et les charges que lorsque cela est utile.

Revenons à ce qui nous intéresse : le patrimoine.

Mon objectif est de vous permettre de faire grossir ce fameux patrimoine. Mais comme je vous l'écrivais dans la première partie, je ne peux pas vous dire ce que vous devrez faire de ce patrimoine une fois que vous l'aurez constitué : cela ne relève que de vous.

L'effet de levier : de quoi s'agit-il ?

Comparons Alain et Bernard, qui sont dans la même situation début 2015. Ils gagnent 2000 € par mois (24 000 € par an).

Imaginons qu'Alain a acheté sa maison en 2015 et qu'il rembourse 7000 € par an. Plus précisément :
-   il paie 3000 € d'intérêts à sa banque

---

10. *On trouve sur internet des débats sans fin pour savoir si une résidence principale est un actif ou non. Oui c'est un actif car c'est quelque chose que vous possédez ; non ce n'est pas un actif car votre maison ne vous rapporte rien. A titre personnel je suis convaincu qu'une maison est un passif (un énorme passif), mais je ne cherche pas ici à trancher le débat. Je vais faire simple : je vais prendre le point de vue de votre banque. Pour elle, votre résidence principale est un actif. Ainsi soit-il.*

-   il rembourse 4000 € de capital[11].

Chaque année, Bernard paie un loyer de 5000 € et épargne 2000 €.

Alain			Bernard	
Actif	**Passif**		**Actif**	**Passif**
Maison 100 000 €	Crédit 100 000 €		Aucun actif	Aucune dette
Patrimoine net 0 €			**Patrimoine net 0 €**	
Revenus	**Charges**		**Revenus**	**Charges**
Salaire 24 000 €	Rembourseme nt du crédit 7000 €		Salaire 24 000 €	Loyer 5000 €
Reste à vivre 17 000 €			**Reste à vivre 19 000 €**	

Alain a autant de passif (dettes) que d'actif. Il n'est donc, en 2015, pas plus riche que Bernard.

Regardons maintenant ce qu'il en est fin 2015.

Alain			Bernard	
Actif	**Passif**		**Actif**	**Passif**
Maison 100 000 €	Dettes 96 000 €		Épargne 2000 €	Aucune dette
Patrimoine net 4000 €			**Patrimoine net 2000 €**	

A première vue il y a peu de différence entre Alain et Bernard.

Imaginons maintenant deux cas :

_____

11. *En réalité ce ratio n'est pas fixe, il évolue favorablement au fil du temps : la première année d'un prêt de 100 000 € sur 20 ans, vous rembourserez par exemple 4000 € de capital et 3000 € d'intérêts ; mais lors de la dernière année vous rembourserez 6750 € de capital et 250 € d'intérêts. Mais je vous propose de ne pas entrer dans ces détails dans l'exemple : restons concentrés sur les enseignements que nous pouvons en tirer.*

- les prix de l'immobilier ont monté de 3%, la maison d'Alain vaut maintenant 103 000 €
- les prix de l'immobilier ont baissé de 3%, la maison d'Alain vaut maintenant 97 000 €

Voici le patrimoine d'Alain et Bernard dans le premier cas.

Alain			Bernard		
Actif	**Passif**		**Actif**	**Passif**	
Maison 103 000 €	Dettes 96 000 €		Épargne 2000 €	Aucune dette	
Patrimoine net 7000 €			**Patrimoine net 2000 €**		

Et dans le second cas.

Alain			Bernard		
Actif	**Passif**		**Actif**	**Passif**	
Maison 97 000 €	Dettes 96 000 €		Épargne 2000 €	Aucune dette	
Patrimoine net 1000 €			**Patrimoine net 2000 €**		

Nous voyons que dans un cas, Alain s'enrichit beaucoup plus vite que Bernard, et ce sans rien faire de plus que lui. Dans l'autre cas c'est plutôt l'inverse. Nous pouvons en tirer trois conclusions importantes :

- l'immobilier permet de créer (ou de détruire, si vous vous y prenez mal) beaucoup de patrimoine, beaucoup plus que le travail. C'est lié à l'importance des sommes mises en jeu. C'est ce qu'on appelle en finance l'effet de levier. Avec un levier, vous pouvez soulever des poids beaucoup plus lourds qu'avec vos seuls bras, mais si vous les faites tomber sur votre pied, cela fera plus mal. Le levier représente le capital engagé ; les bras représentent votre force de travail.

- c'est donc une raison de plus pour vous préoccuper de votre patrimoine immobilier : en investissant, vous augmentez votre levier, ce qui vous permet de construire un patrimoine bien plus sûrement qu'en travaillant. Pour filer la métaphore, lorsque M. Helipert fait des heures sup' dans notre exemple de la partie I, il fait une sorte de musculation pour avoir des bras un peu plus forts et soulever quelques kilos (gagner quelques euros) de plus. A côté de ça, il fait une erreur majeure et se fait tomber un boulet considérable sur le pied : il perd 42 000 € dans notre exemple.

- l'effet de levier ne fonctionne que si vous l'utilisez bien. Mal l'utiliser, c'est perdre plus d'argent, c'est vous faire tomber un poids plus lourd sur votre pied. Tout l'enjeu est d'apprendre à bien l'utiliser, pour soulever des poids importants sans risque.

Bien utiliser l'effet de levier : faire grossir son actif et son passif en même temps

Nous avons vu au paragraphe précédent que l'achat de sa résidence principale peut constituer un levier pour créer du patrimoine. Nous allons voir maintenant que ça peut être aussi le cas pour un investissement locatif.

Nous allons maintenant supposer qu'Alain fait un investissement locatif de 100 000 €, qui lui rapporte 7000 € de loyers nets chaque année. Alain a emprunté 100 000 € sur 20 ans. Avec ces 7000 € de loyers, Alain fait deux choses :
- il paie 3000 € d'intérêts à sa banque
- il rembourse 4000 € de capital.

Imaginons, pour simplifier, qu'Alain et Bernard sont tous les deux locataires. Chaque année, ils paient un loyer de 5000 € et peuvent épargner 2000 €.

Voyons comment évoluent les patrimoines d'Alain et Bernard au fil des ans :

Alain en 2015	
Actif	**Passif**
Épargne 0 €	Aucune dette
Patrimoine net 0 €	
Revenus	**Charges**
Salaire 24 000 €	Loyer 5000 €
Reste à vivre 19 000 €	

Bernard en 2015	
Actif	**Passif**
Épargne 0 €	Aucune dette
Patrimoine net 0 €	
Revenus	**Charges**
Salaire 24 000 €	Loyer 5000 €
Reste à vivre 19 000 €	

Alain en 2016	
Actif	**Passif**
Investissement locatif 100 000 €	Dettes 96 000 €
Épargne 2000 €	
Patrimoine net 6000 €	
Revenus	**Charges**
Salaire 24 000 €	Loyer 5000 €
Revenu locatif 7000 €	Remboursement du crédit 7000 €
Reste à vivre 19 000 €	

Bernard en 2016	
Actif	**Passif**
Épargne 2000 €	Aucune dette
Patrimoine net 2000 €	
Revenus	**Charges**
Salaire 24 000 €	Loyer 5000 €
Reste à vivre 19 000 €	

Pour alléger nous allons oublier la partie « revenus et charges », qui est la même pour Alain et Bernard.

Alain en 2017	
Actif	**Passif**
Investissement locatif 100 000 €	Dettes 92 000 €
Épargne 4 000 €	
Patrimoine net 12 000 €	

Bernard en 2017	
Actif	**Passif**
Épargne 4000 €	Aucune dette
Patrimoine net 4000 €	

Alain en 2018	
Actif	**Passif**
Investissement locatif 100 000 €	Dettes 88 000 €
Épargne 6 000 €	
Patrimoine net 18 000 €	

Bernard en 2018	
Actif	**Passif**
Épargne 6000 €	Aucune dette
Patrimoine net 6000 €	

Alain en 2019	
Actif	**Passif**
Investissement locatif 100 000 €	Dettes 84 000 €
Épargne 8 000 €	
Patrimoine net 24 000 €	

Bernard en 2019	
Actif	**Passif**
Épargne 8000 €	Aucune dette
Patrimoine net 8000 €	

On voit qu'Alain se crée un patrimoine beaucoup plus rapidement que Bernard. Lorsque Alain aura fini de rembourser, Alain et Bernard seront dans la situation suivante :

Alain en 2035	
Actif	**Passif**
Investissement locatif 100 000 €	Dettes 0 €
Épargne 40 000 €	
Patrimoine net 140 000 €	
Revenus	**Charges**
Salaire 24 000 €	Loyer 5000 €
Revenu locatif 7000 €	
Reste à vivre 26 000 €	

Bernard en 2035	
Actif	**Passif**
Épargne 40 000 €	Aucune dette
Patrimoine net 40 000 €	
Revenus	**Charges**
Salaire 24 000 €	Loyer 5000 €
Reste à vivre 19 000 €	

En 2034 (oui je sais c'est très loin, mais rassurez-vous, nous verrons dans la dernière partie comment profiter de votre patrimoine sans attendre aussi longtemps) Alain dispose alors d'un appartement de 100 000 €, qui lui rapporte 7000 € par an, soit 600 € par mois[12]. De quoi compléter avantageusement son salaire, par exemple pour offrir des vacances à sa famille.

Cela fait un sacré écart, n'est-ce pas ? Certes.

Mais l'important n'est pas là.

L'important tient dans les deux leçons que nous pouvons en tirer.

---

12. *Les spécialistes diront que j'ai oublié la hausse des prix : dans vingt ans, l'appartement d'Alain vaudra beaucoup plus de 100 000 €, et il rapportera beaucoup plus de 7000 € par an… C'est vrai, mais les prix de la vie quotidienne auront aussi augmenté, peut-être d'autant. C'est pourquoi, par prudence et pour simplifier, je n'ai pas tenu compte de tout cela dans mon exemple. C'est aussi pourquoi, à titre personnel, je ne compte pas sur la hausse de l'immobilier, ça me paraît trop fumeux pour bâtir une stratégie dessus.*

Première leçon : comment Alain a-t-il fait pour créer son patrimoine ?

Vous me répondrez : il a acheté un appartement pour le louer. Oui mais encore ? Comment le formuler en termes plus savants ?

Vous séchez ?

Allez je vous aide : il faut utiliser les mots « actif » et « passif ».

Voici ce qu'Alain a fait, en termes plus abstraits :

- en 2015, Alain a fait grossir son actif et son passif en même temps de 100 000 €
- entre 2015 et 2035, Alain a diminué son passif grâce aux revenus générés par son actif
- en 2035, Alain possède un actif de 140 000 € et n'a plus aucun passif, plus de dette. Son actif lui génère des revenus, sans travailler[13].

En d'autres termes, Alain a utilisé l'effet de levier : il a fait grossir son actif et son passif de façon importante, ce qui lui a permis de générer des revenus de façon beaucoup plus sûre et moins fatigante qu'avec des heures supplémentaires.

Deuxième leçon : Alain a creusé l'écart avec Bernard sans aucun effort

Alain n'a pas travaillé plus que Bernard.

Certes, ce n'est pas tout à fait vrai : nous verrons en partie V que l'investissement demande tout de même un minimum de temps, mais nous verrons aussi comment le faire de la façon la plus simple possible. Et vous vous apercevrez que ce n'est vraiment pas compliqué.

---

13. *Certains sites internet désignent les revenus obtenus de cette façon comme des « revenus passifs », le mot « passifs » voulant dire « obtenus sans travailler ». Ça n'a rien à voir avec la notion de passif que nous avons vu plus haut. Ces problèmes de vocabulaire n'aident pas à clarifier le débat.*

Mais pour simplifier, disons qu'Alain n'a fait aucun effort.

Mais si cela n'a demandé aucun effort, me direz-vous, pourquoi ne pas investir dans un deuxième appartement, et même un troisième. Et générer des revenus importants, qui pourront progressivement remplacer une partie des revenus du travail ?

Je vous réponds que vous avez tout à fait raison, c'est tout à fait possible. Et c'est précisément pourquoi j'ai consacré un très long développement à l'investissement immobilier *reproductible*. Si vous avez lu cette partie en vitesse, retournez-y, elle est fondamentale pour la suite.

Après avoir lu ce paragraphe, vous connaissez le meilleur moyen de vous créer un patrimoine : acheter un actif en s'endettant, puis rembourser la dette petit à petit. Et si vous le souhaitez, recommencer.

On voit donc que la dette est justement ce qui vous permet de vous enrichir. C'est assez paradoxal et assez contraire au sens commun. Beaucoup de gens déclarent ne pas vouloir s'endetter parce qu'ils ont toujours entendu que c'était mal, alors que c'est pourtant la meilleure façon de se créer un patrimoine.

Si vous ne devez retenir qu'une phrase de cet ouvrage, retenez celle-ci :

S'endetter, c'est s'enrichir.

Bien sûr il y a une condition : il faut que l'actif dans lequel vous investissez vous permette de rembourser votre emprunt.

On remarquera d'ailleurs que les gens très riches ont en général beaucoup de dettes. Certains en ont même énormément, comme nous allons le voir juste après.

Considérez Arnaud Lagardère, le magnat des médias français. Il est considéré comme l'une des personnes les plus riches de France. Il possède environ 10% du groupe Lagardère, soit une fortune d'environ 500 millions d'euros.

Oui, mais il est aussi très endetté : bien que peu de gens le sachent, des articles de presse évaluaient, dans les années 2010, son endettement autour de 500 millions d'euros également[14]. En simplifiant à l'extrême, on peut dire que son patrimoine net est proche de zéro. En cela il est comme monsieur Toutlemonde.

Arnaud Lagardère		M. Toutlemonde	
Actif	**Passif**	**Actif**	**Passif**
Propriétaire de l'entreprise Lagardère 500 000 000 €	Dettes 500 000 000 €	« pas grand-chose »	« pas grand-chose »
Patrimoine net : « pas grand-chose »		**Patrimoine net : « pas grand-chose »**	

Pourtant, M. Lagardère est considéré comme très riche. Pourquoi ? Parce que son actif (son entreprise) lui génère des revenus (appelés dividendes) qui lui permettront (sauf accident) de rembourser peu à peu son passif (sa dette).

Au contraire, M. Toutlemonde n'a aucune possibilité de se créer un patrimoine, en tout cas pas sans investir dans l'immobilier.

J'espère que cet exemple vous aura convaincu d'une chose : vous êtes beaucoup plus riche avec 30 000 € de dettes et 30 000 € sur votre compte en banque, qu'avec 0 € partout.

---

14. *Un peu moins que cela en réalité, mais nous allons prendre ce chiffre pour rendre l'exemple plus pédagogique. D'ailleurs il se peut que les chiffres ne soient plus du tout exacts à l'heure actuelle. L'important est l'idée qu'il y a derrière et non l'aspect people !*

Au fait, pourquoi l'immobilier ?

Vous me direz peut-être à ce stade : les gens considérés comme très riches sont en général propriétaires d'entreprises. Et pas forcément de beaucoup d'immobilier. Pourquoi alors se concentrer sur l'immobilier ?

La réponse est très simple.

L'immobilier est le seul actif qui peut être acheté entièrement à crédit.

Allez donc voir votre banque et demandez-lui 100 000 € pour acheter des actions, vous allez voir ce qu'ils vont vous répondre.

Et maintenant, à vous de jouer

Et vous quels sont vos objectifs en termes de création de patrimoine ? A quelle échéance ?

Remplissez le cadre ci-dessous pour faire votre bilan et définir vos objectifs.

Et n'oubliez pas d'être suffisamment ambitieux !

Moi aujourd'hui			
Actif		**Passif**	
Ma résidence principale	€	Mon crédit immobilier	€
Mon investissement locatif	€	Mon crédit immobilier	€
Mon épargne	€	Mon crédit à la consommation[15]	€

---

15. *Si vous en avez, la première urgence est de vous en débarrasser. On aborde là le sujet de la gestion des finances personnelles, sur lequel beaucoup de choses ont été dites, je ne m'étendrai donc pas. Je vous renvoie à la bibliographie à la fin du livre.*

Patrimoine net		€	
Revenus		**Charges**	
Mon salaire	€[16]	Mon loyer	€
Mes revenus locatifs	€	Mes remboursements de crédits	€
Mon reste à vivre		**€/an ou**	**€/mois**

Moi dans ans			
Actif		**Passif**	
Ma résidence principale	€	Mon crédit immobilier	€
Mon (mes) investissement(s) locatif(s)	€	Mon (mes) crédit(s) immobilier(s)	€
Mon épargne	€		
Patrimoine net		**€**	
Revenus		**Charges**	
Mon salaire	€	Mon loyer	€
Mes revenus locatifs	€	Mes remboursements de crédits	€
Mon reste à vivre		**€/**	
Le plus important : ce que je compte en faire			

Selon la façon dont vous le remplirez, vous tomberez sans doute dans l'un des trois profils suivants :

---

16. *Vous pouvez mettre vos revenus et vos charges en € par mois ou en € par an, comme vous préférez. Dans les exemples qui suivent je parlerai en € par mois.*

Moi dans 20 ans			
Actif		**Passif**	
Ma résidence principale	200 000 €	Mon crédit immobilier	0 €
Mon épargne	40 000 €		
Patrimoine net 240 000 €			
Revenus		**Charges**	
Mon salaire	3 000 €		
Mon reste à vivre 3000 € par mois			

Votre priorité est d'acheter votre résidence principale et de la rembourser. L'investissement locatif ne vous tente décidément pas, vous préférez vivre de votre salaire et compter sur l'État pour votre retraite. Si à ce stade vous n'êtes pas convaincu de l'importance de vous créer un patrimoine, la suite de ce livre n'est peut-être pas pour vous.

Mme. ou M. Compléman

Moi dans 20 ans			
Actif		**Passif**	
Ma résidence principale	200 000 €	Mon crédit immobilier	0 €
Mon (mes) investissement(s) locatif(s)	300 000 €	Mon (mes) crédit(s) immobilier(s)	200 000 €
Mon épargne	40 000 €		
Patrimoine net 340 000 €			
Revenus		**Charges**	
Mon salaire	3 000 €		
Mes revenus locatifs	1800 €	Mes remboursements de crédits	1000 €
Mon reste à vivre 3800 € par mois			

Votre priorité est d'acheter votre résidence principale et de la rembourser. Vous imaginez également de réaliser quelques investissements locatifs afin d'assurer votre retraite ou un complément de salaire. La suite de ce livre vous sera, je l'espère, très profitable.

Mme. ou M. Ambitieux

Moi dans 20 ans			
Actif		**Passif**	
Ma résidence principale	400 000 €	Mon crédit immobilier	0 €
Mon (mes) investissement(s) locatif(s)	900 000 €	Mon (mes) crédit(s) immobilier(s)	500 000 €
Mon épargne	40 000 €		
Patrimoine net 840 000 €			
Revenus		**Charges**	
Mon salaire	2000 €		
Mes revenus locatifs	5300 €	Mes remboursements de crédits	2500 €
Mon reste à vivre 4800 € par mois			

L'investissement locatif est votre moyen de faire fortune. Vous vous créez des revenus qui remplacent une partie de votre salaire. Vous avez choisi de consacrer davantage de temps à votre famille, vos loisirs, ou votre activité associative. Mais cela n'a pas été sans peine ! Quoi qu'il en soit, la suite de ce livre vous sera très utile, en particulier la partie *stratégies avancées*.

Maintenant que nous avons vu comment faire grossir son patrimoine avec des investissements immobiliers reproductibles, que nous avons exploré les notions d'actif et de passif en long, en large et en travers, je vous propose de passer à des choses plus concrètes, et d'examiner quatre exemples. Trois de familles qui ont raté leur investissement locatif, et un exemple réussi.

Trois exemples d'investissement locatif raté, et un réussi

Nous avons vu plus haut qu'un achat réussi est un achat qui ne vous plombe pas pour l'avenir. Il doit répondre à trois critères :

- ne rien vous coûter à l'achat

- ne rien vous coûter chaque mois

- ne rien vous coûter à la revente.

Voyons quelques exemples concrets.

Un bien qui coûte de l'argent pour l'acheter

M. et Mme. Cécui ont acheté un appartement pour le louer. Leur but était de se constituer un patrimoine, en attendant d'acheter leur résidence principale une fois qu'ils auront une certaine stabilité professionnelle. Sur les conseils de leur banquier, qui souhaitait prendre le moins de risques possibles, ils ont mis toutes leurs économies dans leur achat, alors qu'un prêt aurait été possible pour la totalité. Leur banquier leur vend l'idée suivante, qui paraît juste en apparence : éviter d'emprunter et de payer des intérêts sur une somme dont M. et Mme. Cécui disposent sur leur compte.

Deux ans après, ils retournent voir leur banquier pour acheter leur maison : leur demande de prêt est refusée car ils n'ont pas d'apport et car les conditions de prêt se sont durcies ces derniers mois.

Ils doivent vendre leur bien pour acheter leur maison. En deux ans, ils ont très peu remboursé : à peine les frais de notaire. Avec un peu de chance ils ne perdront pas grand-chose dans cet achat-revente précipité, si ce n'est beaucoup de temps et l'envie de faire d'autres achats immobiliers.

Un bien qui coûte de l'argent chaque mois

M. Cébloké gagne 3000 € par mois ; il est propriétaire de sa maison. Pour payer moins d'impôts, il investit dans un appartement en loi Pinel, valant 200 000 €. L'appartement lui rapporte 8000 € par an (650 € par mois), plus 4000 € d'économies d'impôts. La mensualité sur 20 ans lui coûte 1000 €.

Un an plus tard il tombe sur une excellente opportunité : un ami agent immobilier lui propose d'acheter un appartement à prix cassé : 130 000 €, pour un bien qui rapporte 8400 € nets par an (700 €/mois). Le crédit coûtera 650 €.

M. Cébloké va voir sa banque, persuadé d'obtenir le prêt sans problème. Son banquier fait ses calculs :

- revenus mensuels : 3000 + (70% x 650) + (70% x 700)[17] = 3950 €.

- charges mensuelles : 1000 + 650 = 1650

- taux d'endettement : 1650/3950 = 42%. Le crédit est refusé et M. Cébloké abandonne son projet.

C'est pourtant dommage, en faisant les choses dans l'ordre il aurait pu continuer à investir et se créer un complément de revenus intéressant.

Un bien qui coûte de l'argent à revendre
Nous avons déjà taillé un costume à la famille Hélipert dans la première partie, ne tombons pas dans la répétition !

Un bien qui ne plombe pas l'avenir
M. et Mme. Toupigé gagnent 3000 € par mois et sont hébergés gratuitement dans un appartement appartenant à la mère de M. Toupigé. Ils ont acheté un appartement à 120 000 €, mais ils ont fait une affaire vraiment excellente : leur bien vaut 170 000 € au moins. Ils le louent pour 12 000 € par an (1000 € / mois) ; leur mensualité est de 600 € par mois. Ils n'ont mis aucun apport et ont préféré garder leur épargne (30 000 €) sur leur livret A, car « on ne sait jamais ».

Toutes les options leur sont ouvertes :

- s'ils veulent acheter leur maison, ils pourront emprunter sans doute 150 000 €. Leur banquier ne leur refusera rien, surtout vu le montant de leur épargne.

---

17. *Comme nous le verrons plus tard, les banques ne comptent jamais dans vos revenus la totalité de vos revenus locatifs. Elles en prennent en général 70%. Les 30% déduits sont une approximation pour les frais divers : taxe foncière, entretien, vacance locative…*

- ce sera la même chose s'ils trouvent une seconde très bonne opportunité pour investir.

- enfin, s'ils souhaitent déménager à l'étranger et ne plus s'occuper de leur bien, ils pourront toujours le revendre et encaisser une plus-value après impôts de 30 000 € environ. Cela aide, pour un déménagement futur.

Petit bilan

Les points à retenir

A ce stade, nous avons exploré plusieurs points importants.

- Nous avons vu que l'on peut acheter un bien immobilier soit pour se loger, soit pour se constituer un patrimoine, mais que ce n'est pas forcément la même chose et qu'en la matière, la grande majorité des gens vous donnera de mauvais conseils.
- Nous avons vu que sans une stratégie bien définie, vous aurez beau accumuler les heures sup' vous ne rattraperez jamais le patrimoine de quelqu'un qui est déjà propriétaire.
- Nous avons discuté des deux grandes façons d'acheter de l'immobilier : acheter sa résidence principale ou acheter pour louer.
- Nous avons conclu que dans tous les cas, l'important est de ne pas plomber votre avenir pour les 20 prochaines années avec un achat mal pensé.
- Nous avons creusé les notions d'actif, de passif et de patrimoine,
- Et nous en avons déduit que pour vous créer un patrimoine, un ou plusieurs investissements locatifs sont une bonne idée.

Les erreurs que vous avez évitées

C'est aussi le moment de faire le bilan et de calculer ce que vous avez évité de perdre en lisant la seconde partie. Nous avons vu :

- qu'acheter sa résidence principale ou investir pour louer est une vraie question, et qu'en cas de doute, mieux vaut choisir la seconde option. Ceci vous évite de vous retrouver bloqué très tôt dans la constitution de votre patrimoine et d'accumuler des centaines de milliers d'euros de retard sur ceux qui auront fait le bon choix.

- que si vous faites un investissement locatif, celui-ci :
  o ne doit rien vous coûter à l'achat : certains y mettent couramment 30% du prix, c'est-à-dire des dizaines de milliers d'euros, qu'ils auraient pu emprunter ;
  o ne doit rien vous coûter chaque mois : entre quelqu'un qui doit épargner 200 € chaque mois pour payer son crédit immobilier, et vous qui toucherez 200 € par mois, la différence est de 5000 € par an, soit 125 000 € sur les 25 ans du crédit.
  o ne doit rien vous coûter à la revente : beaucoup y perdent au moins les frais de notaire et d'agence, soit facilement 10 000 € pour un bien à 100 000 €.

Alors, pensez-vous que la lecture de la seconde partie en valait la peine ?

La partie suivante entre complètement dans le concret : nous allons voir quelles sont les pistes à suivre (et surtout celles à éviter) pour vous créer un patrimoine.

Partie III. Qu'est-ce qu'un investissement qui ne vous plombe pas pour l'avenir ?

1. Ce que nous savons déjà

Nous avons déjà débroussaillé un cas : si vous habitez dans un endroit où vous pouvez acheter votre résidence principale sans que cela vous coûte plus cher qu'un loyer, n'hésitez pas.

Pour tous les autres cas, nous avons mis en lumière les trois critères clés d'un achat réussi : le bien ne vous coûte rien à l'achat, rien chaque mois, rien à la revente.

Comme je l'ai déjà dit, le troisième critère n'est pas le plus compliqué. Le premier critère est purement financier : il faudra convaincre votre banquier de vous prêter toute la somme nécessaire à l'acquisition. Nous verrons en partie VI comment vous pouvez vous y prendre.

Il nous reste le second critère, le plus difficile à vérifier. Cette partie se propose de percer le mystère du bien « qui ne vous coûte rien chaque mois », autrement dit du bien qui s'autofinance.

Peut-être avez-vous déjà des idées sur le sujet. En surfant sur internet on trouve des histoires de gens qui obtiennent des rentabilités mirobolantes en faisant des travaux, ou bien en louant pour de courtes durées à des touristes, d'autres en achetant des parkings plutôt que des appartements. Commençons par éliminer les mauvaises pistes.

2. Les mauvaises pistes

Acheter « petit » : un studio

Le premier réflexe lorsqu'on achète son premier bien immobilier est d'acheter « petit ». On pense alors en général à un studio. L'idée de commencer petit est tout à fait pertinente, mais le choix du studio me paraît contestable. Nous verrons plus loin ce que je préconise pour acheter petit, mais tout d'abord, tordons le cou au mythe du studio comme premier investissement idéal.

Tout d'abord un studio est certes petit, mais il coûte facilement 50 000 €, voire 100 000 € dans les grandes villes. Pour un « petit » achat pour se faire la main, c'est tout de même gros. Si vous faites une erreur et que vous surpayez le bien de 10%, ce sont 5 à 10 000 € qui partent en fumée. Cela suffit à vous « plomber » pour quelques années.

Ensuite vous trouverez difficilement un studio pour lequel les loyers que vous encaissez excèdent largement les mensualités. Tout simplement parce que plus vous achetez petit, plus vous payez cher au mètre carré. Par exemple, là où un immeuble entier se vend à 1500 €/m², un appartement de 3 pièces (T3) peut se vendre à 2000 €/m² et un studio à 2500 €/m². Pour ces raisons, acheter un studio vous laisse souvent comme seule possibilité d'attendre 15 ou 20 ans d'avoir fini de le rembourser pour en acheter un autre, ce qui est plutôt peu motivant comme perspective.

Enfin, un troisième argument (moins important) : acheter un bien de petite taille semble moins risqué, mais ça ne l'est pas vraiment : si vous avez un seul studio et que votre locataire ne paie pas, ce sont la totalité de vos recettes qui s'évaporent.

On dit également que le « turnover » est plus fort pour des studios, car les gens n'y restent pas longtemps. C'est vrai. Mais d'un autre côté vous avez moins de risque de voir un mauvais payeur « s'accrocher » pendant des années. Au final ceci ne constitue, à mon avis, ni un argument pour ni un argument contre l'achat d'un studio.

Mais il y a déjà suffisamment d'arguments contre, me semble-t-il. Pourtant, de façon étonnante, les « investisseurs » (en clair les particuliers qui veulent faire un premier investissement locatif) se ruent sur les studios. Rassurez-vous, aucun investisseur « pro » ne fera de même (à moins d'investir dans un immeuble entier divisé en studios, mais c'est un autre type d'investissement).

Acheter parce que « ça va monter »

Ce que font la plupart des gens
La grande majorité des particuliers qui veulent investir le font de la façon suivante : ils achètent un bien (qui peut être soit leur résidence principale, soit un investissement locatif) qui leur coûte de l'argent chaque mois, en espérant faire une plus-value à la revente.

Petite précision : pour une résidence principale, « coûter de l'argent chaque mois » signifie « coûter plus cher que d'être locataire ».

Et qui ne marche pas en France

Cette stratégie est bonne si vous n'avez l'intention de n'acheter qu'un ou deux biens. En effet, comme chaque bien que vous achetez vous coûte de l'argent, vous serez très vite bloqué (à moins d'avoir un salaire très élevé) pour la raison suivante : ce n'est pas la hausse de la valeur de votre bien qui paiera votre crédit. En d'autres termes, si vous êtes un peu juste chaque mois ou si votre taux d'endettement est trop élevé, vous ne pouvez pas dire à votre banque : « oui mais la valeur de mon bien a augmenté, vous pouvez donc me faire un nouveau prêt pour que j'achète un nouveau bien ».

Ce système, appelé crédit hypothécaire, existe dans certains pays anglo-saxons, mais pas en France. Et sans doute heureusement, car il a mené à la fameuse crise des *subprimes* aux États-Unis, mais ceci est une autre histoire.

Ce qu'il faut faire

Les acheteurs malins cherchent donc des biens qui ne leur coûtent rien chaque mois afin de pouvoir faire plusieurs acquisitions. Ainsi, même s'ils ne font aucune plus-value sur ces biens, ils battent à plate couture les acheteurs mal conseillés qui espèrent que les prix monteront.

Petit exemple

Prenons un exemple.

M. Amateur achète un appartement à 150 000 €. Sur les conseils de son agent immobilier, il décide de choisir un appartement bien situé en centre-ville. Certes, les loyers ne sont pas très élevés (ce bien lui coûte donc 200 € par mois), mais M. Amateur sait que son prix montera fortement dans les prochaines années.

M. Amateur est bloqué pour un nouvel investissement, pour deux raisons :

- il ne souhaite pas augmenter son effort d'épargne une nouvelle fois de 200 € par mois ; une fois cela suffit ;

- sa banque considère qu'il est déjà suffisamment endetté.

Toutefois il se console en pensant à la plus-value qu'il fera : dans 20 ans, lorsqu'il aura fini de payer le bien, M. Amateur sera propriétaire d'un appartement valant 300 000 € (dans un cas favorable, si les prix ont monté).

M. Pro décide de faire l'inverse. Il achète un bien à 150 000 €. Ce bien n'étant pas très bien placé, les perspectives de plus-value sont faibles, mais M. Pro se console car le bien lui rapporte 100 € chaque mois. Sa banque l'autorise donc à acheter un second bien identique, puis un troisième. Au bout de 20 ans, une fois les crédits payés, M. Pro possédera un patrimoine de 450 000 €, même si les prix n'ont pas monté.

Mon conseil : ne jouez pas à l'économiste en herbe qui croit savoir où les prix monteront. La plus-value à long terme est la cerise sur le gâteau mais elle ne saurait constituer voter motivation pour investir.

Toutefois, si vous tombez sur une affaire vraiment excellente, c'est-à-dire un bien à la fois qui s'autofinance et en plus dont le prix est susceptible de monter, n'hésitez pas. Mais à moins que vous ne soyez un professionnel de l'immobilier, vous avez peu de chances d'en trouver.

L'achat plaisir

J'achète comme si c'était pour moi

Certaines personnes cherchent un bien pour le louer, mais le choisissent « comme si c'était pour elles ». C'est ainsi que certains achètent des 4 pièces là où la demande est plutôt pour des 2 pièces ; d'autres refont une décoration personnalisée qui fait fuir la moitié des locataires.

N'oubliez pas une chose : vos besoins et vos goûts ne sont pas ceux de tout le monde. D'ailleurs, les gens qui vous loueront votre bien sont forcément différents de vous, sinon ils achèteraient eux-mêmes un bien pour le louer. Donc oubliez tout affect et menez une étude sérieuse pour votre investissement, c'est-à-dire basée uniquement sur des faits. Nous verrons plus loin sur quels faits vous devrez baser votre décision.

Peut-être avez-vous rencontré un conseiller peu scrupuleux qui a essayé de vous vendre un appartement en bord de mer, ou à la montagne, avec cet argument ultime : « en plus vous pourrez en profiter pour vos vacances ».

Soyons clairs. Si vous choisissez un bien pour sa rentabilité, vous ne le choisissez pas pour son emplacement. Et inversement.

En outre si votre bien est loué, je vois mal comment vous pourriez déloger vos locataires pour l'occuper quelques semaines par an.

Enfin, si vous louez à la semaine à la montagne ou à la mer, vous encaisserez la majorité de vos recettes précisément durant les vacances (d'été ou d'hiver) : vous pouvez toujours y aller en profiter, mais alors, adieu l'autofinancement : ce bien devient une résidence secondaire, qui vous coûte de l'argent chaque mois, au lieu d'en rapporter. Et adieu vos futurs achats (résidence principale ou second investissement).

L'achat neuf

Baladez-vous sur internet : vous serez assailli de publicités pour des logements neufs. Ils sont beaux, ils sont fonctionnels, ils sont lumineux, ils sont économes en énergie, ils ont des frais de notaire réduits... et ils sont chers : souvent 20 à 25% de plus que l'ancien.

A ce prix, allez trouver un bien dont les loyers excèdent largement la mensualité ! Vous avez toutes les chances de ne trouver que des biens qui vous coûteront de l'argent chaque mois.

Un tel bien vous coûtera aussi de l'argent à la revente : en effet, lorsque vous revendez un bien neuf, il n'est plus neuf ! A partir du moment où vous l'aurez acheté, votre bien va se déprécier pour rejoindre les prix de l'ancien « récent ».

Vous pouvez vous amuser à faire la même chose avec une voiture : achetez une voiture neuve, faites la rouler 1000 km et revendez là : elle aura perdu 20% de sa valeur. Vous l'aurez achetée 10 000 €, vous la revendrez 8000 € et perdrez 2000 €. Évitez de faire cela sur un appartement, il vous faudrait ajouter un zéro.

Les SCPI : de quoi s'agit-il ?

Encore un produit pour lequel on trouve de nombreuses publicités sur internet, ce qui est plutôt mauvais signe. Les SCPI sont des sociétés civiles de placement immobilier. Elles n'ont rien à voir avec les sociétés civiles immobilières (SCI) dont nous parlerons en partie VI.

Le principe des SCPI est simple : au lieu de posséder un bien en entier, vous possédez des parts de SCPI (les parts d'une société sont un peu comme les actions d'une entreprise). Chaque part vous donne la propriété d'un petit pourcentage d'un grand nombre de biens. Par exemple, au lieu d'acheter un appartement, vous possédez un millième des parts d'une SCPI possédant 1000 appartements.

Les avantages sont nombreux, en apparence :

- au lieu d'acheter un seul bien, vous vous groupez avec d'autres acheteurs pour acheter de nombreux biens, ce qui vous évite de tout perdre si l'un des biens est inoccupé ou si le locataire ne paye pas ;

- la société s'occupe de toute la gestion ;

- vous pouvez, via une SCPI, acheter des biens immobiliers très rentables que vous n'auriez pas pu acheter seul : bureaux, commerces, immeubles entiers.

Mais les SCPI posent un seul problème : le rendement est faible. Souvent moins de 7%. Et encore faut-il déduire les frais d'entrée (lors de l'achat des parts) et de sortie (lors de la revente de parts). Bref là encore, vous n'avez aucune chance que vos revenus excèdent largement les mensualités de votre crédit : les SCPI vous coûteront de l'argent chaque mois et vous bloqueront pour la suite de vos achats.

A oublier, malheureusement.

Le démembrement et le viager

Certains conseillers vous en parleront, pensant vous faire faire une bonne affaire avec un montage compliqué : acheter un bien démembré, ou acheter en viager.

Qu'est-ce qu'un bien démembré ? Un bien est démembré lorsqu'il est séparé en deux entités abstraites :

- la nue-propriété, qui donne le droit d'être propriétaire d'un bien mais sans pouvoir l'occuper ;

- l'usufruit, qui donne le droit d'occuper un bien mais sans en être propriétaire.

En pratique, lorsque vous achetez un bien en nue-propriété, vous en devenez propriétaire, mais vous ne pouvez rien en faire durant une période donnée, pendant laquelle le vendeur garde l'usufruit. En échange, vous achetez avec une décote. Par exemple, un bien valant 100 000 € en pleine propriété vaudra 70 000 € environ si vous ne pouvez pas l'occuper pendant 10 ans, 55 000 € environ si vous ne pouvez pas l'occuper pendant 20 ans, etc.

Le viager est une forme particulière d'usufruit : celui-ci dure tant que le vendeur est vivant. C'est un usufruit dont vous ne connaissez pas la durée a priori.

Bref dans les deux cas, vous achetez un bien sans pouvoir rien en faire, et sans qu'il ne vous rapporte quoi que ce soit. Vous n'êtes pas prêt de pouvoir réinvestir. Au-delà des questions éthiques que peut soulever le viager, ce type de montage est à oublier complètement pour la stratégie que nous cherchons à mettre en œuvre.

Les pistes exotiques (1/3) : les murs commerciaux ou les bureaux

Il s'agit d'un domaine réservé aux professionnels ou aux amateurs avertis, notamment vus les montants en jeu. C'est pourtant dommage car la rentabilité de ce type de biens étant importante, ils ne vous coûteraient rien chaque mois.

En revanche ils vous coûteraient à l'achat. En effet, la location de commerces et de bureaux est considérée comme plus risquée que la location d'habitations. C'est pourquoi une banque ne vous prêtera pas la totalité de l'argent nécessaire pour acquérir les murs d'une boutique, d'un commerce, ou un local de bureaux. Vous devrez donc mettre une partie de votre poche. Cet investissement vous coûtera donc de l'argent à l'achat, il n'est pas reproductible : une fois que vous aurez utilisé votre épargne pour acheter un bien, vous n'aurez plus d'épargne pour acheter le bien suivant, ou votre maison.

Arbitrage entre murs commerciaux et local d'habitation, avec 30 000 € d'apport.

Imaginez que vous disposez de 30 000 € d'apport.

Vous pouvez les utiliser pour acheter 150 000 € de murs commerciaux. Ceux-ci vous rapporteront 10% par an, soit 15 000 €. A cela vous déduisez environ 4% d'intérêts payés à la banque, soit 6000 €. Votre patrimoine grossit donc de 9000 € chaque année.

Vous pouvez sinon décider d'investir dans des locaux à usage d'habitation. Dans ce cas, la banque vous financera quasiment tout. Disons qu'elle vous demande tout de même de mettre 6000 € d'apport, pour un bien à 150 000 € également. Celui-ci vous rapportera 7% net, soit 11 000 € par an. Une fois les 4% d'intérêts payés à la banque, votre patrimoine grossira de 5000 € par an.

A ce stade vous vous dites sans doute que les murs commerciaux sont plus rentables.

Continuons le match.

Il vous reste 24 000 € de liquidités. Vous pouvez donc les utiliser par tranche de 5000 € pour acheter un second bien à usage d'habitation, puis un troisième... Lorsque vous avez épuisé vos 30 000 €, vous possédez un patrimoine immobilier de 750 000 €, ce qui est beaucoup plus considérable. Les revenus sont en conséquence : 6 x 5000 € = 30 000 € par an, contre 9000 € pour un local commercial.

Ce schéma est bien sûr tout à fait théorique, mais il a un mérite : il montre l'intérêt d'utiliser le moins possible vos liquidités, afin de pouvoir continuer à investir. Il vous montre que l'important est de penser à long terme, de ne pas raisonner sur un seul bien, mais sur plusieurs achats étalés dans le temps.

Mon conseil : oubliez les locaux commerciaux, jusqu'à votre troisième achat immobilier, au minimum.

Les pistes exotiques (2/3) : acheter un terrain

Tout le monde a entendu parler de l'agriculteur du coin, qui possédait de vastes champs non constructibles à proximité de la ville. Un beau jour, ces terrains ont été déclarés constructibles et l'agriculteur est devenu très riche.

Certains vous diront : faites la même chose. Très bien, mais il n'y a qu'un petit problème : un terrain ne rapporte rien, ce c'est donc pas cela qui vous aidera à rembourser votre banque chaque mois.

Mon conseil : oubliez.

Les pistes exotiques (3/3) : faire construire

Si vous fréquentez des gens qui ont certains moyens, peut-être avez-vous entendu parler d'une personne qui a acheté un terrain, a fait construire une maison ou des appartements dessus, puis les a vendus, ou les loue.

Ce métier a un nom : promoteur immobilier. Et c'est un vrai métier, encore plus complexe et risqué que l'activité de marchand de biens (qui consiste à acheter, retaper et revendre) dont nous parlerons plus loin.

Mon conseil : tenez-vous en éloigné.

Encore plus exotique : la bourse, l'assurance-vie

On s'éloigne là complètement de l'investissement immobilier. Comme je l'écrivais à la fin de la partie II, vous ne pourrez jamais acheter ce type d'actif à crédit. Vous serez donc limité par le montant de votre épargne.

Si vous êtes richissime, allez-y.

Sinon, mieux vaut acheter à crédit un bien immobilier à 100 000 €, qui vous rapportera 7000 € par an, qu'acheter avec votre épargne 10 000 € d'actions, qui vous rapporteront 1000. Comme la partie II l'explique, créer un patrimoine c'est augmenter son actif et son passif, c'est-à-dire s'endetter. Et ça ne peut se faire que dans l'immobilier.

Voilà, je crois vous avoir fait le tour du propriétaire des mauvaises pistes. N'y perdons pas plus de temps.

3.   Les pistes discutables

Acheter un studio à retaper

Il s'agit d'une variante améliorée de la mauvaise solution présentée ci-dessus. L'idée de base est la suivante : si le studio est à retaper, il sera moins cher que s'il était en parfait état ; si vous le retapez vous-même, cela vous coûtera moins cher que si vous faites faire les travaux. Au final, vous aurez un studio refait à neuf pour pas cher. En achetant dans les bons coins (nous traiterons de la question cruciale de l'emplacement en partie V) vous pourrez obtenir un bien qui s'autofinance.

Tout cela est vrai, sauf qu'en pratique c'est un peu compliqué.

Tout d'abord retaper un appartement, même petit, par vous-même, demande beaucoup de temps. Êtes-vous sûr que votre objectif est de passer vos soirées et vos week-ends pendant des semaines à poncer, faire de la plomberie, de l'électricité, poser des parquets, peindre… tout cela pour vous constituer un patrimoine ? En d'autres termes, travaille-t-on pour vivre ou vit-on pour travailler ?

Ensuite, vous vous apercevrez que vous ne ferez vraiment de bonnes affaires que si les rénovations sont d'une certaine importance. S'il s'agit seulement de passer un coup de peinture n'importe qui peut le faire. Faire des travaux d'une certaine ampleur est un vrai métier.

Enfin, tout le temps et l'énergie que vous dépensez sur votre chantier ne pourront plus vous servir pour tout le reste : bien mettre en location, penser à vos futurs investissements, réfléchir à votre stratégie, ou encore relire le livre que vous tenez entre vos mains.

Bref je ne vous conseille cette piste que si quatre conditions sont réunies :

- vous avez une capacité d'emprunt modeste, qui rend inaccessible la piste principale que je recommande à la fin de cette partie ;

- vous avez du temps et de vraies compétences en bricolage ;

- vous avez bien vérifié qu'une fois le bien rénové, les loyers que vous encaisserez excéderont très largement la mensualité de votre crédit ;

- votre banque est prête à financer la totalité des travaux, frais de notaire, frais de garantie.

Bref ce n'est pas gagné !

Acheter pour revendre

Vous avez peut-être dans votre famille ou parmi vos amis quelqu'un, réputé bricoleur, qui a retapé un appartement et l'a revendu avec une forte plus-value. En pratique une telle opération est compliquée et ne sert pas du tout votre stratégie, pour toutes les raisons suivantes :

- l'achat-revente cumule toutes les difficultés du studio à retaper, en pire si le bien est plus grand ;

- c'est donc un vrai métier, encore davantage que la rénovation de studio ;

- vous ne savez jamais à quel prix vous pourrez revendre ; en cas de baisse de l'immobilier vous risquez de très très mauvaises surprises (relisez le paragraphe de la partie II sur l'effet de levier si vous ne me croyez pas) ;

91

- vous ne pouvez pas faire cela de façon régulière, autrement vous serez considéré par le fisc comme « marchand de biens » et vous serez taxé bien davantage ;

- lorsque vous revendez, vous remboursez votre crédit, vous ne bénéficiez plus de l'effet de levier pour vous construire un patrimoine.

Bref si je ne mets pas cette stratégie dans le chapitre précédent (consacré aux pistes vraiment mauvaises), c'est qu'il y a un cas, assez rare, où elle peut avoir un sens : lorsque vous n'avez pas assez de liquidités sur votre compte en banque pour convaincre la banque de vous faire un crédit. Faire, de façon ponctuelle, un achat-revente, permet de dégager un peu de cash, nous y reviendrons dans la partie consacrée aux stratégies avancées.

C'est bien entendu à réserver aux investisseurs très avertis.

Pour revenir au cas de votre grand-oncle qui a « retapé et revendu », il y a fort à parier que la plus-value ne venait pas des travaux eux-mêmes, mais des prix de l'immobilier qui ont sans doute monté dans les quelques années séparant l'achat de la revente.

Acheter avec une incitation fiscale

J'en arrive maintenant à la tarte à la crème de l'investissement immobilier. Dès que vous faites une recherche Google sur le sujet, vous tombez sur une masse de publicités pour des investissements locatifs à incitations fiscales.

Le principe est toujours le même : si vous achetez un bien pour le louer, l'État diminue vos impôts, pour un montant, une durée et des modalités variables selon le dispositif. Chaque dispositif porte un nom : Pinel, Pinel outre-mer, Censi-Bouvard, LMNP, Malraux, monuments historiques, Girardin.

Prenons le dispositif le plus connu : le Pinel. Je vous renvoie à l'exemple de M. Cébloké, développé à la fin de la partie II. M. Cébloké a investi dans un appartement en loi Pinel, valant 200 000 €. L'appartement lui rapporte 8000 € par an (650 € par mois), plus 4000 € d'économies d'impôts. Le bien présente une rentabilité faramineuse de 4% nets, plus 2% avec l'économie d'impôts. Mon conseil : évitez.

Voici un exemple des magnifiques slides que vous feront certains (pas tous, ne généralisons pas) conseillers en gestion de patrimoine afin de vous inciter à investir dans un bien défiscalisant : c'est tellement bien présenté que débourser de l'argent chaque mois pour financer son bien paraît tout à fait naturel... pour celui qui n'a pas lu les bons livres.

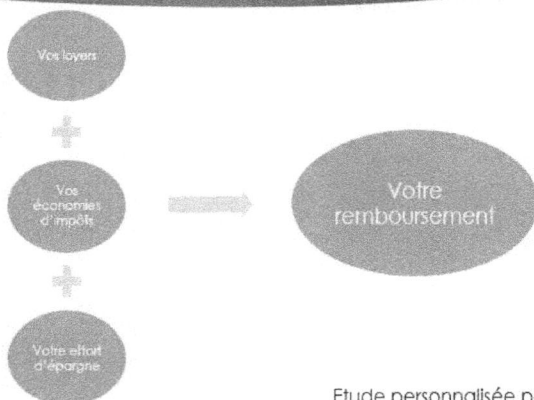

Les trois leviers permettant de financer votre investissement

Vos loyers
+
Vos économies d'impôts
+
Votre effort d'épargne

Votre remboursement

Cabinet Pipopius
Au service de votre patrimoine
depuis 1635 au moins

Etude personnalisée pour M. Dupont

Personnellement je préfère largement ce schéma :

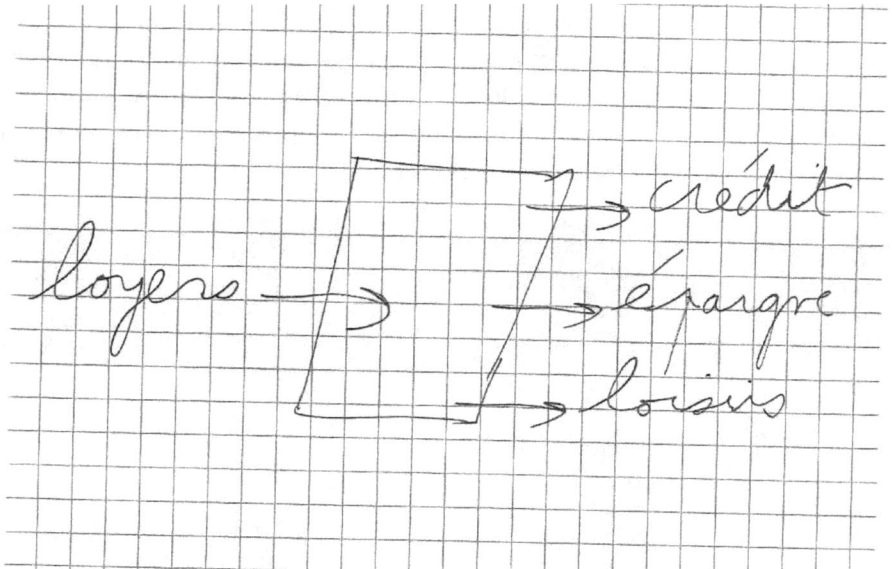

Tirons-en les conclusions qui s'imposent :

- ces montages ne s'adressent qu'à ceux qui payent déjà un montant conséquent d'impôts, c'est-à-dire un profil de cadres.

- ils ne sont pas reproductibles : vous ferez peut-être une fois un investissement très rentable qui effacera vos impôts, mais une fois qu'ils seront effacés, vous ne pourrez pas recommencer. Donc tout ce que vous aurez appris en matière de fiscalité ne vous servira qu'une fois.

- même avec l'économie d'impôts, ces biens ne parviennent que rarement à atteindre un vrai autofinancement. C'est dire si le bien de base (c'est-à-dire sans l'économie d'impôts) est mauvais.

- pourquoi ces biens sont-ils souvent si mauvais ? Parce que beaucoup de gens se précipitent dessus sans réfléchir et surpayent le bien, aveuglés par l'idée de payer moins d'impôts. Au passage les vendeurs touchent d'importantes commissions. Il faut croire que pour beaucoup de gens, payer 1 € d'impôt à l'État est beaucoup plus douloureux que de payer 1 € à un promoteur ou à un conseiller en gestion de patrimoine.

Toutefois un tel montage peut éventuellement être intéressant dans quelques rares cas. J'ai par exemple investi avec le dispositif Girardin, dans un appartement en Guyane : acheté 144 000 €, il me coûte 800 € par mois. Et je touche 600 € de loyers nets et 600 € d'économie d'impôts. D'où un résultat net positif de 400 € par mois : le bien s'autofinance.

Mais les bonnes affaires de ce type sont vraiment rares, et surtout vraiment difficiles à débusquer parmi la masse de biens vendus 30% trop cher. Pour vous donner une idée j'ai dû étudier en détail l'économie et l'urbanisme de Cayenne afin de m'assurer que le bien valait le coup.

Mon conseil : tenez-vous à l'écart, vous avez mieux à faire, comme nous allons le voir très bientôt.

La location saisonnière

L'idée de la location saisonnière, dite aussi location de courte durée, est simple. Et plutôt bonne. Vous achetez un appartement dans une ville moyenne ou une grande ville. Il vaut 100 000 €. Plutôt que de le louer 500 € par mois, vous le louez à la nuitée, à des touristes ou plus généralement à des gens de passage (commerciaux, entrepreneurs, cadres par exemple). Vous pourrez le louer 40 € la nuit, soit 1000 € pour 25 nuits par mois.

Avec un tel rendement, votre bien s'autofinance largement. Loin de vous coûter chaque mois, il vous rapporte.

Tout cela est vrai.

Il y a toutefois quelques inconvénients, que je vais lister ici :

- la location saisonnière est un vrai métier : tout le monde n'a pas forcément le temps ou l'envie de se transformer en quasi-gestionnaire de chambres d'hôtes.

- qui dit vrai métier dit vraies compétences, qui vont bien au-delà de l'immobilier : gérer des réservations sur internet, faire payer des clients, accueillir avec le sourire...

- la location saisonnière se fait par nature sans bail de longue durée. Il vous sera donc plus difficile de convaincre votre banque que votre bien s'autofinance réellement et qu'elle peut vous prêter de l'argent pour un nouvel achat.

- acheter un appartement pour le louer à la nuit ou à la semaine ne vous coûtera rien à l'achat (si vous parvenez à tout faire prendre en charge par la banque), rien chaque mois. En revanche votre bien se revendra comme un appartement « normal » : si vous décidez de le revendre au bout de 2 ans, quelle qu'en soit la raison, vous pouvez y perdre quelques plumes.

Mon conseil : la location saisonnière peut être une très bonne opportunité, à trois conditions :

- avoir le temps et être organisé, par exemple en couple ;

- avoir « la fibre », aimer le contact des gens ;

- le faire juste à côté de chez soi.

Certes, pour ceux qui voudraient acheter loin de chez eux ou ne pas gérer eux-mêmes, des services de conciergerie et de ménage existent. Mais ils réduisent d'autant votre rentabilité.

N'ayant pas testé moi-même ce système, je ne vous le recommande pas, mais je ne vous dis pas non plus de l'éviter : à vous de chercher.

4. Les bonnes pistes

Les parkings

Il existe un type de biens immobiliers qui semble posséder toutes les qualités : rentable, simple et pouvant être acheté à crédit. Il s'agit des parkings. L'idée est toute simple : acheter une ou plusieurs places de parkings et les louer à des voitures ou des motos, comme vous le feriez d'un appartement.

Cet investissement présente toutefois deux inconvénients mineurs :

- comme il s'agit d'un investissement moins courant qu'un achat d'appartement, les banques peuvent être plus frileuses pour un financement à 100%, et encore plus à 110%. N'ayant pas investi moi-même dans des parkings je ne me prononcerai pas sur le sujet.

- il s'agit d'un investissement moins conventionnel et donc parfois moins bien considéré socialement qu'un investissement dans l'immobilier d'habitation. En France, faire des investissements rentables est parfois mal vu, à tort ou à raison.

N'ayant pas investi dans les parkings je ne parlerai pas de ce que je ne connais pas bien. Mais si vous avez la fibre, je vous conseille le blog www.parkinginvestir.fr : vous saurez tout, tout, tout sur les parkings. Je précise que je n'ai aucun lien, ni personnel, ni commercial, avec ce blog.

Une place de parking possède, en revanche, un intérêt immense : elle est très peu chère, entre 2000 et 10 000 €. Vous me direz : quel intérêt, ce n'est pas avec ça que je vais créer mon patrimoine ?

Vous avez raison. Toutefois, dans l'immobilier, les erreurs que vous faites vous coûtent des dizaines de milliers d'euros. Sauf s'il s'agit d'une place de parking. C'est pourquoi, comme nous le verrons au début de la partie V, je vous recommande de commencer par acheter une place de parking si vous voulez vous familiariser avec les différentes étapes d'un achat immobilier (recherche d'un bien, négociation, compromis de vente, recherche d'un crédit, signature de l'acte), et ce sans risque de trop y perdre en cas d'erreur.

LA solution : l'immeuble de rapport

Mais venons-en maintenant à la solution que je préconise, la stratégie que je vais vous présenter, qui possède tous les avantages des différents biens que nous avons vus jusqu'ici, sans aucun de leurs inconvénients : il s'agit de l'immeuble de rapport.

Mais comme je vais vous décrire ce type de biens très en détail, cela mérite une partie entière.

Le bilan

En attendant, faisons le bilan de ce que la lecture de la troisième partie vous a fait économiser : celui-ci est vite fait, chacune des mauvaises options présentées ici fait perdre chaque jour des dizaines ou des centaines de milliers d'euros à ceux qui s'improvisent rénovateurs, promoteurs ou fiscalistes.

L'erreur qui a les conséquences les plus faibles est celle consistant à acheter un studio qui ne s'autofinance pas : si celui-ci vous coûte 100 € chaque mois, ce sont 30 000 € qui s'évaporent sur la durée du crédit. Ce qui est déjà pas mal je trouve.

Maintenant venons-en à la solution de l'énigme : l'immeuble de rapport. De quoi s'agit-il ? Tournez la page.

Partie IV. Le « quoi » : l'immeuble de rapport

L'objet de cette partie est de décrire en long, en large et en travers le bien immobilier idéal pour votre stratégie. Et surtout d'argumenter en détail pourquoi il correspond bien à vos objectifs. Cela sera d'autant plus nécessaire qu'un tel achat étant assez peu courant (même si ça n'a rien de compliqué, comme nous le verrons), beaucoup n'hésiteront pas à critiquer votre choix : vous devrez être capable de défendre votre achat et d'expliquer pourquoi il est largement meilleur que tous les autres. Vous pourrez aussi, bien sûr, ne rien dire, et laisser dire.

1. Qu'est-ce qu'un immeuble de rapport ?

Un immeuble de rapport est un mot pompeux pour désigner l'achat de plusieurs appartements d'un coup. Par exemple, une maison de ville divisée en trois appartements de deux-pièces constitue un immeuble de rapport. Nous voyons donc qu'il ne s'agit pas forcément d'un achat à 500 000 €. Les premiers commencent autour de 120 000 € (à condition de bien choisir sa région, nous verrons tout cela dans la partie suivante).

A ce prix, je parle des premiers biens de qualité : si vous recherchez un immeuble mal situé et à rénover dans une petite ville en voie de désertification, vous pouvez acheter quatre appartements pour 60 000 €. Mais ce n'est bien sûr pas ce que je vous recommande.

Cela peut paraître paradoxal que l'un de vos premiers investissements immobiliers soit un immeuble de rapport. Nous allons pourtant voir que c'est la seule solution pour investir sans que cela ne vous coûte rien, ni à l'achat, ni chaque mois, ni à la revente.

2. Malgré les apparences, il s'agit de l'investissement immobilier idéal pour commencer

L'immobilier c'est comme la lessive : deux achetés, le troisième offert

Quel est l'atout clé de l'immeuble de rapport ?

La réponse est toute simple :

Acheter un immeuble de rapport, c'est acheter beaucoup moins cher.

Vous connaissez les publicités de supermarché, par exemple sur les paquets de lessives, de type « deux achetés = le troisième offert ». Elles expriment une idée simple : plus vous achetez de grandes quantités, moins c'est cher. Rassurez-vous, le supermarché qui achète des centaines de milliers de paquets de lessive achètera toujours beaucoup moins cher qu'il ne vous vend, même s'il vous fait une réduction.

Le principe est exactement le même pour des appartements. Comme vous achetez plusieurs appartements d'un coup, vous paierez beaucoup moins cher.

Le fait d'acheter moins cher est la clé de la réussite de votre projet, comme nous allons le voir dans les trois paragraphes suivants.

Un immeuble de rapport ne vous coûte rien chaque mois, il vous rapporte

Vous achetez moins cher, les mensualités de votre crédit sont donc plutôt faibles. Mais comme vous louez au prix « normal », les loyers que vous encaissez excèdent largement vos mensualités et vous gagnez un peu d'argent chaque mois. Alors que votre voisin qui a investi la même somme que vous, mais dans un seul appartement, doit y mettre un peu de sa poche chaque mois.

Un immeuble de rapport ne vous coûte rien si vous décidez de revendre

Vous déménagez à l'autre bout du monde ? Pas de problème. Il vous suffit en général de revendre les différents appartements à l'unité. Ainsi vous les revendez au prix « de détail » alors que vous avez acheté au prix « de gros ». Et vous ne perdez pas d'argent.

Certaines personnes, appelées « marchands de biens », gagnent même (très, très bien) leur vie sur ce principe, mais c'est un métier, et ce n'est pas votre objectif. En tant qu'acheteur « débutant », votre objectif est de ne pas perdre d'argent si vous souhaitez revendre.

Un immeuble de rapport ne vous coûte rien à l'achat

En voyant la qualité de votre projet, votre banquier vous financera la totalité du bien et des frais annexes (à condition de bien s'y prendre, nous verrons tout cela plus loin) : votre immeuble ne vous coûtera donc rien à l'achat.

En surfant sur internet vous trouverez beaucoup de publications au sujet des immeubles de rapport. Certains vous proposent même de devenir rentier en réalisant ce genre d'investissement. Mon objectif est très différent et beaucoup plus modeste : mettre à votre disposition les connaissances « avancées » des investisseurs professionnels pour vous éviter les erreurs majeures pour votre premier ou deuxième achat.

3.   Idéal et avec quelques autres avantages

Un immeuble de rapport possède quelques autres avantages, en plus des trois principaux que j'ai listés ci-dessus.

Être le seul acheteur : le confort absolu

Lors de l'achat, les seules personnes qui voudront acheter seront comme vous : des investisseurs. Vous éviterez donc les acheteurs qui recherchent leur résidence principale et qui sont prêts à payer le bien plus cher s'ils ont un coup de cœur.

Pour peu que vous alliez dans une région où les investisseurs ne courent pas les rues, vous avez de bonnes chances d'être le seul acheteur intéressé : vous verrez alors le confort que c'est ! Et vous verrez très vite que vous pouvez négocier *beaucoup* le prix, et tout cela sans avoir à déployer les trucs et astuces de négociation que vous vendent certains sites internet.

Ne pas mettre tous ses œufs dans le même panier

Propriétaire d'un immeuble de trois appartements (par exemple), vous avez trois locataires, votre situation est moins risquée que si vous n'en n'aviez qu'un seul. Par exemple, si votre voisin a acheté un appartement qu'il loue 600 €, si son locataire ne paie pas, il aura du mal à rembourser son crédit. En revanche, si vous avez trois locataires qui paient 300 € chacun, si l'un d'entre eux fait des difficultés, il n'y a rien de dramatique.

En finance on appelle cela la diversification du risque. Dans le langage courant, on dit tout simplement : ne pas mettre tous les œufs dans le même panier.

La copro, c'est vous

En achetant un immeuble, vous achetez l'immeuble entier (sans blague ?) et non un appartement dans une copropriété. C'est donc vous qui décidez de quand et comment vous faites faire les travaux d'entretien.

A l'inverse, votre voisin viendra peut-être se plaindre auprès de vous que sa copropriété vient de voter un ravalement de façade juste l'année où il doit changer sa voiture, que ça l'embête vraiment mais qu'il n'a pas le choix.

Tout est déjà loué : que demander de plus ?

Nous aurons l'occasion d'y revenir lorsque nous examinerons les caractéristiques précises de l'immeuble que vous devez rechercher, mais voici déjà un point qui vous tranquillisera (je l'espère) : n'achetez qu'un immeuble déjà entièrement loué (ou presque) et dont les locataires n'ont pas de problème de paiement. Ainsi vous aurez des rentrées d'argent dès que vous aurez signé chez le notaire : plutôt rassurant, non ?

Nous verrons plus loin comment nous y prendre.

Récapitulons

Imaginons que votre voisin et vous-même disposez du même budget (150 000 €). N'ayant pas lu ce livre, votre voisin, M. Paomieu, achète un appartement en centre-ville. Vous achetez trois petits appartements pour le même prix.

Vous	Votre voisin
Vous tombez un jour sur un livre vous expliquant pourquoi vous devez faire un choix un peu original : un immeuble de rapport. Vous apprenez étape par étape comment réaliser votre investissement.	M. Paomieu souhaite aussi investir. Cela tombe bien : l'agence immobilière du coin met en vente plusieurs appartements pile dans son budget.

Vous avez appris qu'en dessous de 7% de rendement net il ne faut pas acheter. Vous visez donc 900 € de revenus nets par mois.	L'agence lui dit que dans le coin, 5% de rendement net est déjà très bon. M. Paomieu vise donc 600 € de loyers nets.
Vous avez identifié un immeuble dans votre budget : cela tombe bien vous êtes le seul acheteur intéressé. Le vendeur baisse son prix de lui-même.	M. Paomieu a trouvé le bon appartement pour investir, mais une autre personne souhaite l'acheter pour y habiter. Le vendeur ne baisse pas son prix.
Vous êtes donc propriétaire de trois appartements de 50 m² chacun, pour 150 000 €. Soit 1000 € le m². Vous les louerez chacun 300 €, une fois tous les frais déduits.	Il possède maintenant un appartement de 100 m², acheté 150 000 €. Soit 1500 € le m². Une fois tous les frais déduits, l'appartement lui rapportera 600 €.
Votre banque est enthousiasmée par le projet et vous finance tout, y compris les frais annexes. Vous gardez au chaud vos économies.	L'appartement a l'air plutôt bien mais il coûtera de l'argent chaque mois à M. Paomieu : la banque prend donc un petit risque. Elle décide donc de tout financer, sauf les frais de notaire et de garantie (14 000 €). Votre voisin voit 14 000 € d'économies s'évaporer.
Chaque mois, il vous reste 900 € une fois tous les frais payés, pour 750 € de crédit : vous empochez 150 €. C'est un bon début.	Chaque mois, M. Paomieu encaisse 600 €, pour un crédit de 700 €. Il se dit que devenir propriétaire pour un effort de 100 € par mois, cela vaut le coup : tant mieux pour lui.
Un locataire déménage et vous mettez quelques mois à en trouver un autre : pas de problème, les deux autres locataires vous permettent de rembourser votre crédit.	Le seul locataire de M. Paomieu déménage. En attendant de relouer, votre voisin pioche dans ses économies.
Vous décidez de changer de voiture cette année ? Pas de problème, les travaux dans votre immeuble attendront l'an prochain.	M. Paomieu change de voiture, puis apprend que le syndic veut faire un ravalement de façade. Il n'aura pas le choix, il devra contribuer. Il se dit que décidément l'immobilier, cela

	finit par coûter cher.
Vous déménagez au bout de deux ans et revendez vos trois appartements avec une forte plus-value. Elle sera la bienvenue pour financer votre installation et votre nouvelle vie.	Au bout de deux ans, M. Paomieu est muté, ce qu'il n'avait pas prévu. Il revend au prix où il avait acheté. Il ne reverra jamais les économies qu'il avait utilisées pour payer les frais de notaire et de garantie.
Vous êtes enthousiaste et prêt à vous lancer dans un second projet.	Il se dit que décidément l'immobilier, ce n'est pas vraiment pour lui !

4. Mais alors pourquoi si peu de gens investissent-ils de cette manière ?

Aucun de mes amis n'a fait cela

Sans nous en rendre compte, nous sommes tous soumis à la pression de nos pairs : notre famille, nos amis, nos collègues notamment. Il est donc difficile de faire des choix différents des leurs.

C'est ainsi que, si vous avez la chance de naître dans un milieu de gens aisés, ayant le sens des affaires, faire le type d'achat décrit ci-dessus ne posera aucun problème à personne.

En revanche, si vous appartenez à un milieu de salariés, de gens ne réalisant pas d'affaires, voire de gens pour qui le patrimoine (même acquis par soi-même) est quelque chose de plutôt mal, vous risquez d'être regardé bizarrement. Tout simplement parce que vos proches ne comprendront pas l'intérêt d'une stratégie immobilière et qu'on a tous tendance à rejeter ce qu'on ne comprend pas.

De nombreux livres ont déjà traité de ces problèmes, très courants chaque fois qu'une personne décide de prendre une initiative un peu différente de ce que ses proches attendent d'elles. Aussi je ne m'étendrai pas sur le sujet et je vous renvoie à la bibliographie en fin d'ouvrage.

Je ne vous donnerai qu'un conseil : autant vous pouvez (je dirai même : vous devez) ignorer royalement les avis de vos amis, qui n'y connaissent rien, autant vous devez partager ce projet au sein de votre couple : lorsqu'on est en couple, on ne crée pas un patrimoine seul.

C'est trop gros

Acheter un bien immobilier, cela fait peur car il s'agit d'un des plus gros chèques que vous signerez dans votre vie. Et plus c'est gros, plus ça fait peur. C'est pour cela qu'acheter un immeuble de rapport peut rebuter.

Voici quelques points que vous pouvez vous rappeler pour dissiper vos doutes :

- je ne vous conseille pas de faire un achat « cher », je vous conseille de faire un achat de plusieurs appartements. Ce qui n'est pas la même chose. Ainsi, acheter 3 appartements à 50 000 € ne coûte pas plus cher qu'un seul à 150 000 €. J'espère que cela vous rassure un peu.

- si le terme « immeuble de rapport » vous fait peu ou vous met mal à l'aise vis-à-vis de vos proches (cf. le paragraphe ci-dessus), dites simplement que vous achetez une « maison de ville », ou que vous achetez « 3 studios ». Vous verrez, cela passe beaucoup mieux.

C'est hors de mes moyens

Quand on pense immeuble, on pense tout de suite à l'immeuble haussmannien parisien à 5 millions. Mais comme je vous l'écrivais plus haut, dans certaines régions de France vous trouverez des biens de qualité à 120 000 €.

Pour vous convaincre, allez donc sur www.seloger.com, onglet « vente ». Tapez un prix compris entre 100 et 120 000 €, décochez les cases « appartement » et « maison » et cochez la case « immeuble ». Puis sélectionnez les régions suivantes : Nord, Picardie, Champagne-Ardenne, Lorraine, Bourgogne, Centre…

Si à ces prix on est encore hors de votre budget, allez lire la partie « stratégies avancées » : vous y apprendrez peut-être qu'en vous groupant, ou bien en répartissant vos revenus et vos charges de façon adéquate, vous pourrez alors emprunter ce montant à la banque.

C'est trop compliqué

Contrairement aux apparences, acheter un immeuble n'est absolument pas plus compliqué qu'acheter un appartement.

Je dirais même que c'est plus simple : vos interlocuteurs (le vendeur, l'agent immobilier) étant habitués à traiter avec des investisseurs, ils seront plus directs et chercheront moins à vous embobiner qu'un primo-accédant qui recherche un deux-pièces pour se loger.

Toute la suite du livre est consacrée aux différentes étapes qui vous séparent de la signature chez le notaire. Je vous présente en détail toute mon expérience du sujet afin de vous simplifier la tâche au maximum. Je vais même jusqu'à vous écrire les modèles d'emails à écrire à vos différents interlocuteurs : courtier et chasseur immobilier notamment. Vous n'aurez qu'à vous laisser guider, étape par étape.

Enfin, une dernière chose : rappelez-vous que je ne recommande pas un immeuble de rapport pour votre premier achat. Revenez à la partie précédente, relisez bien : je vous recommande avant cela l'achat d'une place de parking, afin de vous familiariser avec toutes les étapes d'un achat immobilier.

Si c'était si simple de devenir millionnaire, ça se saurait

Soyons clairs : la stratégie que je vous propose ne permet pas de devenir millionnaire. Ou du moins pas en moins de dix à quinze ans, à moins d'avoir de très bons revenus à la base.

Pour être plus précis, cette stratégie vous permet de vous créer du patrimoine. A terme, c'est-à-dire dans 25 ans, une fois que les crédits seront remboursés, ce patrimoine vous générera des revenus importants. Vous ne dépendrez plus de notre système de retraite, voire vous pourrez prendre une retraite anticipée.

Mais en attendant ce système génère peu de revenus. A titre d'exemple, un investissement important, de 266 000 €, génère 2400 € mensuels de loyers. Une fois les charges déduites, il reste environ 2000 €. Pour un crédit de 1600 €. La différence est donc assez faible.

Si votre objectif est aussi de générer des revenus à court terme, il vous faudra trouver d'autres solutions. La location saisonnière, dont j'ai déjà parlé plus haut, peut en faire partie. Mais comme ce n'est pas l'objet du livre, je vous renvoie à la bibliographie, déjà très complète, qui existe sur le sujet.

Et pour vous ?

Et vous, quels sont les obstacles qui vous paraissent les plus difficiles dans la mise en œuvre de cette stratégie ?

N'hésitez pas à y réfléchir longuement, car éliminer ces réticences conditionnera votre succès. Et n'hésitez pas à me faire part de vos réflexions !

5. Récapitulons : la stratégie pas à pas

Nous avons vu jusqu'ici beaucoup de choses : j'ai été votre sherpa et je vous ai mené des questions de base que l'on se pose lors de son premier achat immobilier, jusqu'au sommet de l'investissement immobilier que constitue, selon moi, l'immeuble de rapport. Retournons-nous pour reprendre notre souffle et regarder le chemin parcouru. Cela vous servira lorsque vous ferez les choses pour de vrai.

La place de parking : ne sautez pas cette étape

Je vous ai tout d'abord conseillé de commencer par acheter une place de parking, afin de vous familiariser avec toutes les étapes d'un achat immobilier. Ne négligez pas cette étape, elle peut vous éviter des erreurs à cinq chiffres. Bien que ne l'ayant pas fait moi-même, je n'y manquerais pas si c'était à refaire.

Trouvez-vous donc une place à un prix raisonnable, inférieur à 10 000 €. Elle peut même être déjà louée, cela simplifiera les choses. Regardez ensuite combien vous coûtera un crédit sur 20 ou 25 ans et allez voir votre banquier. Vous devriez vous en tirer autour de 50 € par mois pour un achat à 10 000 €.

Il ne reste plus qu'à vérifier que votre place se loue dans les 70 €, et vous n'avez plus qu'à signer.

Vous ne trouvez pas ces rentabilités parce que vous habitez dans une grande ville, où les rentabilités sont souvent plus faibles ? Ou votre banquier ne veut pas vous accorder un crédit sur 20 ans pour une si petite somme ? Pas de panique : pour un si petit investissement, vous pouvez accepter de ne pas vous auto-financer totalement. Si vous en êtes de 5 € de votre poche chaque mois il n'y a pas mort d'homme.

La formation : ne sautez surtout pas cette étape

Lorsque vous envisagez un achat à 100 000 ou 200 000 €, le meilleur investissement que vous puissiez faire est de vous former : dans l'immobilier, ce que vous savez vaut des dizaines de milliers d'euros, et ce que vous ne savez pas vous coûte des dizaines de milliers d'euros. D'ailleurs, dans le cadre de votre travail, vous (ou votre employeur) investissez bien dans des formations, afin d'obtenir des augmentations (ou des hausses de chiffre d'affaire) d'un montant bien moindre que ce que vous pouvez gagner dans l'immobilier.

Je vous conseille d'investir au moins 0,1% du montant de votre achat dans de la formation (livres, formations sur internet…) : pour un achat à 100 000 €, investissez au moins 100 € ; pour un achat à 200 000 €, au moins 200 €, etc. J'emploie à dessin le mot « investir » et non le mot « dépenser » lorsqu'il s'agit de formation, car ce n'est jamais de l'argent perdu.

De nombreux livres et formations sont disponibles sur le marché. Vous en trouverez une sélection en fin d'ouvrage. Je précise que je n'ai aucun intéressement dans aucun de ces livres et formations. Par ailleurs, n'ayant pas tout lu ni tout essayé, je ne prétends pas que cette sélection soit totalement exhaustive.

Votre résidence principale : pourquoi pas

Si vous êtes sûr qu'acheter votre résidence principale vous coûtera moins cher que votre loyer actuel, et si vous êtes certain de ne pas déménager dans les cinq ans, sautez le pas.

Dans tous les autres cas, il est urgent d'attendre. Vous pourrez toujours vous décider quand vous serez sûr de votre coup.

Comme il s'agit là d'un achat « plaisir », je n'ai pas grand-chose à vous apprendre qui ne se trouve déjà ailleurs sur internet. N'oubliez toutefois pas d'utiliser les outils dont je vous parlerai dans la partie suivante, afin d'éviter de surpayer votre logement : les comparateurs de prix, les cartes des prix au mètre carré, les statistiques Insee et autres joyeusetés.

Pensez aussi à une chose : si vous souhaitez ensuite investir dans l'immobilier locatif afin de vous créer un patrimoine, vous devez à tout prix limiter vos charges mensuelles. Donc n'achetez pas un palace. Et surtout financez-le sur une longue durée : 25 ans me paraît bon.

Un investissement défiscalisant : pourquoi pas

Un investissement de ce type peut constituer votre premier investissement locatif qui s'autofinance, et ce sans grand effort.

Je vous parlais en partie III de mon bien en Guyane (régime Girardin), qui me rapporte 600 € de loyers et 600 € d'économies d'impôts, pour 800 € de mensualités de crédit. Dans ce cas, cela vaut le coup. Dans beaucoup d'autres cas, c'est plus discutable et c'est un euphémisme.

Quoi qu'il en soit, la démarche est très simple : laissez votre e-mail sur les sites des promoteurs immobiliers et faites-vous rappeler. Une nuée de conseillers en gestion de patrimoine entrera alors en contact avec vous pour vous proposer des biens divers et variés. Vous n'avez qu'à refuser tout ce qui vous coûte de l'argent chaque mois, c'est aussi simple que cela. Et si vous ne trouvez rien, pas de regret : passez au paragraphe suivant, il y a mieux à faire que de défiscaliser.

Le plat de résistance : votre premier immeuble de rapport

Comme il s'agit du cœur de votre stratégie, cette étape mérite une plus ample description. Rendez-vous dans la partie suivante.

Continuez

Le principe d'un immeuble de rapport est de s'autofinancer : il vous rapporte davantage qu'il ne vous coûte chaque mois. Ainsi, il augmente vos revenus mensuels, au lieu de les diminuer. Il n'y a donc aucun obstacle à un nouvel emprunt : vous pouvez dès lors acheter un second bien, puis un troisième.

C'est comme cela que vous pourrez vous créer un patrimoine conséquent. Certains deviennent millionnaires de cette façon, mais c'est une autre histoire.

Et ne revendez pas

Si un bien ne pose pas de problème particulier, vous n'avez aucune raison de le revendre : il « tourne tout seul » et ne vous coûte rien. Il se rembourse petit à petit jusqu'à ce que vous en soyez pleinement propriétaire, sans crédit, 25 ans plus tard.

Lorsque vous revendez, vous stoppez ce processus, vous retournez en arrière, à l'étape précédente, quand vous aviez un patrimoine moins important. Vous n'avez donc aucune raison de le faire. Même si vous déménagez à l'autre bout du monde, mettez votre bien en location plutôt que de le vendre.

La seule exception a lieu si vous êtes un jour bloqué dans vos investissements : les banques vous trouvent trop endetté, elles ne veulent pas vous prêter davantage. Dans ce cas, revendre l'un de vos appartements permet de vous désendetter ou de constituer un apport pour continuer à investir.

Bilan

Vous avez donc votre stratégie écrite noir sur blanc pour les 25 prochaines années. Qu'est-ce que cela vous inspire ? Pensez-vous la mettre en œuvre ? En partie ? En totalité ?

Cette stratégie, mise en œuvre sur un seul bien, vous permet de financer *sans aucun effort* un bien valant au moins 120 000 € (pour les plus prudents d'entre vous). J'espère que vous trouvez que cela valait la peine de la lire !

Maintenant allons voir comment mettre tout cela en musique.

Partie V. Qui, où, quand et comment ?

1. Le « qui » : Les personnes qui vont vous aider

Faire un achat immobilier tout seul est un enfer. Vous devez être expert en bâtiment, en fiscalité, en droit, en économie, passer des centaines de coups de fil, analyser des centaines d'annonces… Je ne vous recommande absolument pas de procéder comme cela, même si c'est ce que font la majorité des gens qui se lancent dans un premier achat.

L'objet de ce paragraphe est d'identifier les personnes clés qui vont non seulement vous aider, mais aussi travailler pour vous sur votre projet.

C'est fou le nombre d'intermédiaires qui s'intéressent à vous quand vous avez de l'argent à dépenser

Faites une expérience : commencez à signaler auprès de divers interlocuteurs que vous avez un projet immobilier. Vous serez surpris du nombre de gens prêts à s'activer pour vous dans l'espoir de toucher une commission, et ce même avant la signature du moindre mandat : agent immobilier, conseillers en défiscalisation, banquier, promoteurs…

Inversement, dans la vie « normale », même déléguer des tâches mineures à un employé de ménage coûte cher et n'est accessible qu'à une minorité d'entre nous.

Quelle est donc la différence ?

Dans la vie « normale », vous rémunérez vos éventuels employés avec une partie de votre *salaire*. Ce qui limite tout de suite les montants que vous pouvez verser.

Dans l'immobilier, vous rémunérez vos conseils avec une partie de votre *patrimoine futur*. D'où des montants beaucoup plus conséquents et un nombre important de gens prêts à travailler pour vous.

Nous allons donc voir qui faire travailler, en commençant par plus important.

Le chasseur immobilier

La personne la plus importante pour votre recherche

Essayez d'appeler des agences immobilières par vous-même. Vous devez passer votre soirée à éplucher les annonces immobilières, faire une sélection, puis, le lendemain, vous absenter de votre travail pour les appeler, les rappeler, convenir de visites, poser des jours de congés, vous déplacer...

Bref c'est l'enfer. Et c'est l'une des raisons pour lesquelles la plupart des gens ne vont pas au-delà d'un premier achat immobilier, alors même qu'ils en auraient les moyens financiers. C'est aussi l'une des raisons pour lesquelles beaucoup se ruent sur des biens immobiliers neuf défiscalisants, qui sont déjà packagés et vendus sur plan par des conseillers se déplaçant à votre domicile.

Vous devez donc trouver quelqu'un qui fasse ce travail à votre place, et cette personne sera votre allié le plus précieux durant votre recherche. Cela tombe bien : des gens, peu nombreux, en ont fait leur métier. On les appelle des chasseurs immobiliers. Ils sont en fait des agents immobiliers qui travaillent non pas pour le vendeur, mais pour l'acheteur.

Faire appel à un chasseur immobilier va changer du tout au tout votre projet car il possède de nombreux atouts dont vous ne disposez pas :

- il a la disponibilité que vous n'avez pas : faire appel à lui est à mon avis la seule façon de mener une recherche sérieuse quand on a par ailleurs un travail à plein temps.

- quatre yeux valent mieux que deux, surtout pour un achat de cette ampleur. Et les yeux d'un professionnel sont plus affûtés que les vôtres.

- il vous obligera à mener la recherche correctement. Lorsqu'on cherche par soi-même, la tentation est grande de mener les recherches de façon irrégulière et de procrastiner. Cela ne pardonne pas car les bonnes affaires ne restent que quelques jours en ligne. Au contraire, si vous avez un professionnel qui travaille pour vous, cela vous obligera à suivre : par exemple en convenant d'un point téléphonique quotidien de 5 minutes.

- il dispose des connaissances que vous n'avez pas : des contacts d'agents immobiliers locaux, la connaissance de la région (si vous achetez hors de votre région d'origine), parfois un outil de filtrage des annonces internet et surtout une solide expertise dans l'immobilier. Et il mettra cette expérience à votre disposition, à l'inverse de l'agent du vendeur, qui cherchera avant tout à ce que la transaction se fasse, qu'elle soit bonne ou mauvaise pour vous.

Comment le trouver ? Comment le choisir ?

Pour le trouver, Google est votre meilleur ami : tapez « chasseur immobilier » suivi du nom de la région où vous comptez acheter. Vous pouvez aussi contacter des agences immobilières et leur demander si elles offrent ce service.

Mais la vraie difficulté ne consiste pas à *trouver* un chasseur immobilier. Elle consiste à *choisir* un chasseur immobilier – et un bon.

Pour cela, décrochez votre téléphone, exposez votre projet et convenez d'un rendez-vous. Vous verrez vite depuis combien de temps le chasseur est en activité. Vous verrez également s'il vous pose des questions pertinentes sur votre projet : la localisation, la rentabilité souhaitée, les caractéristiques du bien. Ou bien s'il se limite à une seule chose : votre budget.

Si vous hésitez, n'hésitez pas : signez-lui un mandat. Si le travail qu'il fait ne vous convient pas vous pourrez toujours l'annuler d'un simple e-mail, sans frais.

Une fois le mandat signé, vous mesurerez vite la qualité du travail : se met-il à plein temps sur votre recherche ? Vous envoie-t-il une première sélection de biens dans les 24 ou 48 heures ? Ou bien vous propose-t-il juste deux ou trois biens, qui ont de bonnes chances d'être les premiers venus, que vous auriez pu trouver vous-même ? Prend-il des photos lors des visites ? Vous appelle-t-il régulièrement pour vous rendre compte ?

Certains chasseurs travaillent de façon exclusive, d'autre non. Travailler de façon exclusive signifie que dans le mandat, il est écrit que vous ne pouvez pas acheter un bien dans la région sans verser au chasseur sa commission.

Alors, faut-il signer une exclusivité ?

Oui.

Pour deux raisons :

- tout d'abord vous pouvez toujours retirer le mandat à n'importe quel moment si le travail ne vous convient pas.

- ensuite, signer un mandat exclusif est la seule façon de motiver suffisamment le chasseur pour qu'il travaille correctement pour vous. S'il n'a qu'une faible chance d'avoir sa commission, il devra multiplier les clients simultanément, et donc travailler peu pour chacun d'entre eux et donc travailler mal. Inversement s'il est sûr de toucher sa commission il fera tout pour trouver le bien que vous recherchez.

Au fait, combien ça coûte ?

Pas cher pour ce que cela rapporte. Trois cas peuvent exister :

- le bien est vendu via une agence immobilière. L'agent du vendeur accepte de partager sa commission avec votre chasseur. Vous ne payez rien.

- le bien est vendu via une agence immobilière. L'agent du vendeur refuse de partager sa commission avec votre chasseur. Vous payez votre chasseur à un prix réduit, en général.

- le bien est vendu par un particulier. Vous rémunérez votre chasseur au tarif normal.

Mais quel est ce tarif normal me direz-vous ? Entre 2 et 4% du prix de vente en général.

Puis-je négocier sa commission ?

Bien sûr. Mais c'est une très mauvaise idée.

Si vous commencez comme ça vous démotivez la personne clé qui va faire pour vous l'étape la plus difficile : trouver le bien à acheter. Et tout cela pour gagner un petit quelque chose sur une commission qui elle-même représente un petit quelque chose du prix du bien.

Voici une meilleure idée : si un premier projet s'est bien passé, vous aurez sans doute envie de recommencer. Dans ce cas n'oubliez pas la bouteille de vin pour remercier. Je sais cela peut paraître basique ; c'est pourtant comme cela qu'un chef d'équipe motive les gens qui travaillent pour lui.

Faire appel à un chasseur est-il toujours conseillé ?

Oui, sauf dans trois cas :

- si vous recherchez votre résidence principale, votre choix se fera davantage sur des critères affectifs que financiers. Ces critères seront donc plus difficiles à indiquer à votre chasseur. Vous risquez donc soit de perdre du temps avec des biens qui ne vous plaisent pas, soit de rater des biens qui vous auraient plu. C'est pourquoi je ne recommande un chasseur que si vous avez beaucoup de moyens et peu de temps. Dans les autres cas mon avis est neutre.

- pour votre premier achat : votre parking. Aucun chasseur ne se déplacera pour toucher 3% de commission sur une place à 10 000 €. Ça tombe bien, vous n'en n'avez pas besoin : une place de parking est moins complexe à expertiser qu'un immeuble de 5 lots !

- si vous devenez un investisseur régulier et achetez un immeuble par an, vous acquerrez vite l'ensemble des compétences nécessaires à la recherche et vous vous lasserez peut-être de payer une commission à chaque achat.

Mais alors pourquoi personne n'y pense ?

Très peu de gens pensent à faire appel à un chasseur immobilier.

Tout d'abord ce métier est peu connu, même s'il se développe.

Ensuite beaucoup de gens n'analysent pas les jeux d'acteurs et ne réalisent pas que l'agent immobilier n'est pas forcément de bon conseil, ils ne voient pas qu'il cherche avant tout à vendre.

Également, la plupart des gens voient l'argent donné à des intermédiaires comme une pure perte. Je le vois au contraire comme un investissement, c'est-à-dire une dépense qui rapporte au final bien plus. En effet, faisons un petit calcul : sur un bien à 200 000 €, votre chasseur vous coûtera 6000 €. Mais il pourra vous rapporter 10 000 € sur la négociation (et encore, 5% de baisse de prix ce n'est pas énorme), vous éviter des « accidents » à 30 000 € ou davantage (comme par exemple acheter un bien avec des problèmes de construction ou de l'humidité), ou encore trouver un bien que vous n'auriez pas trouvé vous-même (ce bien étant aussi rentable et en aussi bon état qu'un autre bien vendu 30 000 € plus cher).

Enfin, la majorité des gens ne savent tout simplement pas déléguer.

Bref, ne faites pas comme tout le monde, prenez un chasseur immobilier.

Et si je n'ai pas envie d'engager un chasseur ?

Dans ce cas il vous reste les pistes que tout le monde recommande : écumer les agences immobilières, les ventes aux enchères... Je vous souhaite beaucoup de courage et j'espère que vous avez accumulé suffisamment de RTT. Quoi qu'il en soit, d'autres livres détaillent suffisamment ces aspects pour que je n'aie pas besoin de broder dessus.

Une dernière chose : je précise que ce paragraphe n'est pas une publicité pour un quelconque chasseur immobilier. C'est pourquoi je ne donne aucun nom.

Le courtier

La seconde personne la plus importante pour votre projet

Quelle est la chose à faire une fois que vous avez trouvé votre bien ? Le financer. C'est pourquoi la personne qui vous permettra de trouver le prêt est la deuxième personne la plus importante pour votre projet, loin devant toutes les autres.

Le cas facile : vous en êtes à votre premier achat

Si vous en êtes à votre premier achat immobilier, il est fort possible que votre banquier soit tout à fait disposé à vous faire un prêt (les complications viendront plus tard), quelle que soit la qualité de votre projet, d'ailleurs.

Vous n'avez donc pas de recherches particulières à faire : contentez-vous d'aller voir quatre ou cinq grandes banques pour faire jouer un peu la concurrence.

Les cas plus compliqués

Votre financement pourra être plus compliqué à obtenir dans deux cas :

-   vous n'en n'êtes pas à votre premier achat, vos crédits immobiliers commencent donc à être assez importants,

-   vous avez des revenus un peu justes pour emprunter le montant voulu.

Dans ces cas-là, la personne à trouver pour financer votre projet n'est pas forcément un banquier. C'est peut-être un courtier. Essayons de voir pourquoi.

Les banques : quel fouillis !

Le nombre de banques susceptibles de vous prêter de l'argent s'élève à plus de 100. Pour vous faire une idée allez faire un tour sur les sites des courtiers : certains listent les banques avec lesquelles ils travaillent. C'est ainsi que vous découvrirez des banques aux noms inconnus : crédit foncier de France, Crédit industriel et commercial, GE Money bank ou Cetelem. Je précise qu'il ne s'agit en rien d'une publicité, je n'ai pas de crédit dans ces banques.

Fouillis dans les critères...

Chacune de ces banques a ses critères pour apprécier la qualité de votre dossier et de votre projet :

-   certaines accepteront de vous financer à 110%, d'autres demanderont un apport, plus ou moins important

- certaines voudront bien vous financer sur 25 ans, d'autres s'arrêteront à 20

- certaines accepteront un taux d'endettement plus élevé que d'autres

- certaines requerront un reste à vivre (ce qu'il vous reste après avoir payé votre crédit) plus élevé, d'autres moins élevé

- certaines attacheront une grande importance à l'épargne que vous pourriez leur apporter

- certaines prendront en compte dans vos revenus 70% des revenus générés par le projet, d'autres 80%, d'autres 85%

- certaines voudront absolument une caution de Crédit logement pour garantir le prêt, d'autres accepteront une hypothèque ou un IPPD (cf. glossaire)

- certaines ne voudront que du local d'habitation, d'autres vous financeront même si votre immeuble possède un local commercial au rez-de-chaussée

- certaines financeront un montage en société civile immobilière (SCI, nous verrons plus loin ce dont il s'agit), d'autres non...

- enfin, tous ces critères varient au cours du temps, selon les taux d'intérêt, l'atteinte des objectifs de la banque, la politique plus ou moins restrictive de Crédit logement, les normes prudentielles... Mon conseil : si vous lisez sur internet que tel type de dossier est passé avec telle banque, jetez un coup d'œil à la date de l'article avant de vous précipiter.

Et la liste n'est pas exhaustive. Mais pas de panique : nous verrons dans la partie suivante comment optimiser chacun de ces critères pour que votre dossier soit accepté.

...et fouillis dans l'organisation

Mais ce n'est pas tout : toutes les banques ne sont pas organisées de la même façon.

Certaines banques (Crédit foncier par exemple) sont nationales ; c'est-à-dire qu'un dossier passera devant un comité national. Il sera accepté ou refusé, mais il n'y aura *a priori* pas de différence selon l'agence où vous aurez déposé votre dossier.

D'autres banques (BNP...) sont organisées en agences qui ont un certain pouvoir d'appréciation et de décision. D'autres, comme le Crédit mutuel, sont même organisées en fédérations régionales, qui jouissent d'une autonomie de décision en général assez large. Vous avec donc le choix entre plusieurs dizaines d'agences différentes (les agences à proximité de votre domicile, ou bien celles dans le département de votre achat), chacune pouvant avoir un avis différent sur votre projet.

Parmi les banques organisées en agences, certaines laissent le pouvoir de décision aux directeurs d'agence ; d'autres ont un responsable des crédits immobiliers commun à plusieurs agences.

Si l'on résume, 100 banques x 15 agences possibles : vous n'êtes pas prêt d'avoir terminé votre tour des banques. Tour qui est de toute façon impossible puisqu'il vaut mieux éviter de déposer son dossier dans deux agences d'une même banque, cela fait désordre.

> **Paradoxalement, un financement n'est pas forcément plus facile quand les taux sont bas**
>
> En apparence, plus les taux baissent, plus vous pouvez emprunter. C'est ce que vous pouvez lire sur la grande majorité des sites traitant d'immobilier. Ceci est vrai. Mais cela ne vous aidera pas nécessairement.
>
> En effet, en tant qu'investisseur, votre dossier de demande de prêt est souvent complexe, pour des raisons diverses et variées : vous pouvez avoir un immeuble composé de plusieurs logements, avec un local commercial à l'intérieur ; vous pouvez acheter pour louer alors que vous êtes encore

locataire de votre résidence principale ; vous pouvez vous grouper avec vos parents, qui peuvent être âgés ; vous cherchez à mettre le moins d'apport possible là où les particuliers mettent toutes leurs économies dans leur maison.

Pour ces raisons il se peut que votre dossier ne soit pas forcément prioritaire par rapport à des dossiers plus simples : un couple achetant sa maison avec 30% d'apport, par exemple. Vous êtes ainsi en concurrence avec les autres emprunteurs (à moins que vous n'ayez des relations pour fluidifier l'examen de votre dossier, mais nous allons supposer que ce n'est pas le cas).

Or, en période de taux faibles, beaucoup de gens cherchent à acheter, il se peut donc que le nombre de demandes de prêts soit élevé, et donc que la concurrence des autres emprunteurs soit importante.

Ainsi, pour se simplifier la vie, il se peut que certaines banques aient tendance à exclure certains types de biens, vus comme complexes. En effet, il ne faut pas oublier qu'en France, les taux étant bas, les banques font peu de marges sur les crédits immobiliers, elles ont donc finalement assez peu d'incitations à monter un dossier complexe.

La bonne nouvelle dans tout cela ?

Il faut prendre les choses du côté opposé : cela veut dire que des taux élevés ne doivent pas vous décourager pour investir. En effet, un taux élevé signifiera moins de profit pour vous, mais peut-être n'aurez-vous pas plus de difficultés à vous financer. Quoi qu'il en soit, si vous avez un projet rentable, ne faites pas comme certains : n'attendez pas deux ans que les taux baissent pour chercher à le réaliser.

J'espère vous avoir convaincu

J'espère qu'à ce stade, vous êtes convaincu qu'il vaut mieux prendre un courtier que se lancer dans un tel périple. Sachant que même si vous devez appeler dix courtiers avant de trouver le bon, le jeu en vaut toujours la chandelle.

De façon générale, le courtier vous fera gagner du temps pour deux raisons :

-   il connaît bien les critères de chaque banque

-   il connaît l'état du marché : en effet, selon les périodes de l'année, les critères de financement peuvent être plus ou moins stricts

-   si votre dossier est « limite » en termes d'endettement mais que le projet est intéressant, il connaît normalement des directeurs d'agence susceptibles de porter un regard plus compréhensif (au bon sens du terme) sur votre projet.

Le principe est ici le même que pour le chasseur immobilier : le courtier, s'il est bon, ne va pas vous coûter de l'argent, mais va vous en rapporter. Par exemple, entre celui qui vous trouvera un financement à 110% (la banque finance tout) et celui qui s'arrêtera à 100% (la banque vous demande de mettre un apport d'un montant égal aux frais de notaire et de garantie), ce sont 10 000 €, 20 000 € ou 30 000 € qui sont économisés.

Une dernière chose : vous devrez tout de même aller voir une banque : votre banque actuelle. Tout courtier vous demandera cette démarche préalable avant d'intervenir.

Comment le trouver ? Comment le choisir ?
Mêmes causes, mêmes recommandations : internet vous permettra de trouver des courtiers à la pelle. Mon conseil : contactez-en au moins 10. En effet, sur 10 courtiers contactés, 5 ou 6 vous répondront dans des délais corrects. Parmi eux, seuls un ou deux seront capables de vous trouver le financement dont vous avez besoin, pour peu que votre dossier soit un tant soit peu compliqué. Donc prenez de la marge et début.

Petite parenthèse : ce ratio 10 contactés / 5 réponses / 1 ou 2 bons s'applique également aux chasseurs immobiliers, aux notaires, experts comptables et à la plupart des métiers d'ailleurs.

Revenons à nos courtiers.

Évitez juste de vous engager trop avant avec plusieurs courtiers en parallèle :

- d'une part, faire travailler les gens pour rien n'est pas très correct ;

- d'autre part il vaut mieux éviter que votre dossier n'arrive deux fois chez la même banque.

Voici donc la méthode qui fonctionne : contactez tous les courtiers que vous avez trouvés. Parmi ceux qui vous répondront, sélectionnez celui qui vous paraît le meilleur et dites aux autres que vous avez trouvé mieux ailleurs. Si votre premier courtier vous a promis plus qu'il ne pouvait tenir, il sera toujours temps de recontacter les autres.

Une chose importante : gardez en mémoire qu'il existe un biais de sélection en faveur du courtier qui vous promettra le plus. Par exemple, entre un courtier qui vous dira « je peux vous trouver un taux à 3% si vous mettez 20 000 € d'apport » et un qui vous dira « je peux vous trouver un prêt à 2,9%, sans aucun apport », vous aurez tendance à choisir spontanément le deuxième. Mais peut-être s'est-il engagé un peu vite… Donc si vous voyez qu'un courtier ne tient pas ses promesses (par exemple, vous essuyez un premier refus de prêt), n'hésitez pas à changer rapidement de courtier plutôt que de vous obstiner à travailler avec quelqu'un d'incompétent. Certes, cela vous donnera du travail : vous aurez de nouveau des dizaines de documents à envoyer… Mais cela vaut mieux que de vous retrouver coincé parce qu'un de vos prestataires n'a pas tenu ses promesses. N'oubliez pas : à partir du moment où vous avez signé un compromis, tous les moyens sont bons pour tenir les délais.

Et pour tous les courtiers qui ne sont pas retenus et qui ont commencé à travailler pour rien, n'oubliez pas la boîte de chocolats (s'ils ont été sérieux !), cela vous permettra de partir sur de bonnes bases pour votre prochain achat.

Après le compromis : une course contre la montre

A partir du moment où vous avez signé le compromis de vente, une course contre la montre s'engage pour trouver un financement. Cela peut paraître

---

simple au début et un délai de 31 ou 45 jours peut sembler confortable. Toutefois, si vous essuyez un refus de financement, vous devrez tout recommencer à zéro et vous ne pourrez plus tenir ce délai. Vous risquez donc que le vendeur annule tout simplement la vente. En outre, démarcher de nouveau des banques sera beaucoup plus complexe : le compromis ne sera plus valable, il faudra signer un avenant, les banques seront suspicieuses et vous demanderont pourquoi vous n'avez pas obtenu de financement plus tôt...

Voici donc une meilleure façon de procéder.

Tout d'abord, lancez des démarches dans plusieurs banques différentes. Ou plutôt assurez-vous que le courtier le fait. Certes, le courtier ne vous donnera pas toujours le nom des banques qu'il démarche au début de votre relation (afin d'éviter que vous ne le court-circuitiez), mais vous devez lui demander dans combien de banques il a déposé un dossier. Puis, au fur et à mesure que le dossier avance et qu'il aura davantage confiance en vous, demandez-lui de quelles banques il s'agit.

Ensuite, si vous demandez un financement à 110%, lancez également en parallèle des demandes pour un financement à 100%, i.e. pour lequel vous apportez les frais de notaire et de garantie et d'autre pour un financement à 90% (vous apportez les frais annexes et 10% du prix du bien). Ainsi, en cas de refus des banques vous aurez toujours une solution de repli, moins ambitieuse.

Enfin, ne considérez jamais qu'une offre est acquise avant d'avoir reçu l'offre de prêt. En effet certains conseillers bancaires peu rigoureux vous affirmeront que votre dossier sera validé (afin que vous montiez votre dossier chez eux), sans être eux-mêmes les décisionnaires (les décisions se prennent souvent au niveau du siège) et sans avoir obtenu l'accord de leur hiérarchie. Lorsque vous essuierez un refus il sera alors difficile de revenir vers les banques que vous aviez éconduites auparavant : même si le ridicule ne tue pas il vaut mieux éviter ce genre de situations ! La solution est donc de continuer les démarches en parallèle dans toutes les banques tant que vous n'avez pas reçu d'offre de prêt. Et tant pis si vous faites travailler des gens pour rien.

En conclusion, la complexité des démarches bancaires augmente avec la complexité du projet. C'est pourquoi le parcours progressif que je vous propose dans la partie précédente (commencer par un parking, puis un appartement, puis un immeuble de rapport) vous évitera bien des déconvenues avec votre banquier.

Combien coûte-t-il ?

De quelques centaines d'euros à 1% du montant du prêt, c'est variable. Sachez qu'il est en général également rémunéré par la banque.

Comme pour le chasseur immobilier, mieux vaut éviter de négocier les honoraires de votre allié.

Vous savez maintenant à peu près tout sur vos deux principaux alliés : le chasseur immobilier et le courtier. Certains points concernant le courtier peuvent vous paraître encore obscurs : c'est lié au fait que nous n'avons pas encore détaillé le financement, nous le ferons en partie V.

Passons maintenant à vos autres alliés.

Le notaire

Rien de particulier à signaler à son sujet. Ne le sacralisez pas et n'hésitez pas à aller en voir plusieurs.

Pour information, lorsque deux notaires interviennent sur une transaction (celui du vendeur et celui de l'acheteur), ils se partagent les honoraires, il n'y a donc pas de surcoût pour vous à faire intervenir votre notaire.

L'expert-comptable

Il peut être nécessaire d'avoir un comptable si vous créez une société civile immobilière, comme je le recommande dans la partie VI. Leurs honoraires varient du simple au triple, la qualité des conseils aussi.

Pour trouver le bon, les méthodes décrites ci-dessus marchent également très bien.

Lorsque vous chercherez sur internet, vous verrez qu'une multitude de prestations sont possibles et peut-être ne saurez-vous pas exactement quoi demander pour un devis.

Voici la réponse. Il vous faut demander :

- la tenue de la comptabilité de votre société

- l'établissement de la liasse fiscale

- du conseil.

Vous pouvez envisager également de lui déléguer le « juridique » de votre SCI (les procès-verbaux d'assemblées générales par exemple), mais entre nous, ce n'est pas bien compliqué : trouvez plutôt de bons modèles sur internet et faites-le vous-même.

Les blogueurs et auteurs

Voici enfin votre dernier allié, mais pas le moins précieux : il s'agit de toute l'information que l'on trouve sur internet, notamment sur les blogs et forums et dans les livres spécialisés.

Le livre que vous tenez entre vos mains a pour vocation de vous fournir un fil directeur, une stratégie unique, mais pas d'explorer en détail tous les détails techniques de sa mise en œuvre. Sinon 1000 pages ne suffiraient pas. C'est pourquoi il vous faudra compléter vos connaissances par diverses lectures, qui vous sont conseillées dans la bibliographie en fin d'ouvrage.

Mon conseil : on peut vite se perdre si l'on cherche à explorer tous les cas possibles. Contentez-vous de ce qui est directement utile pour votre projet, c'est-à-dire de ce qui s'applique directement à votre cas.

Par exemple, il est inutile de savoir tout ce que peut faire un expert-comptable avant de le contacter. Ce n'est qu'au retour que vous creuserez certains points. Par exemple s'il vous a conseillé de vous faire assujettir à la TVA, vous pourrez toujours explorer ce point de retour chez vous (si vous louez des biens immobiliers à usage d'habitation, vous n'êtes normalement pas concerné par ce sujet).

N'attendez pas trop de vos partenaires

Vos partenaires (chasseur, courtier, notaire) sont spécialisés dans un domaine technique qu'ils maîtrisent parfaitement (s'ils sont bons). En revanche, ils n'ont en général aucune idée de ce qu'est une bonne stratégie immobilière. Et en particulier ils n'ont aucune idée de ce qui est bon pour vous.

Par exemple, le chasseur immobilier saura vous trouver le bien que vous lui demandez une fois que vous aurez précisé ce que vous recherchez (par exemple : « un immeuble de rapport avec 10% de rentabilité brute, à moins de 200 000 €). En revanche, il ne saura pas quel type de bien vous devriez rechercher. Et si votre demande est trop vague, il y a fort à parier qu'il vous orientera vers des biens standards (achat d'un appartement qui ne s'autofinance pas), qui sont en général mal adaptés à votre stratégie.

Nous avons déjà suffisamment critiqué le banquier et le notaire sur ce sujet en partie I, je vous propose de ne pas en rajouter.

Passons à l'expert-comptable : celui-ci maîtrisera parfaitement les aspects comptables, financiers et fiscaux ; en particulier il connaît par cœur les notions d'actif et de passif que nous avons vues en partie I mais il ne saura pas forcément comment utiliser tout cela pour monter un projet d'envergure.

Maintenant que nous avons vu « avec qui » réaliser votre projet, je vous propose d'explorer un aspect méconnu : le « quand ».

2. « Quand » acheter : la gestion du temps

Il est toujours temps d'acheter et d'emprunter

Nous avons vu dans la partie II qu'acheter n'est pas une question de moment : vous trouverez toujours de bonnes opportunités si vous recherchez le type de bien que je préconise. Cela dit, si vous décidez de faire le contraire de ce que je recommande et que vous recherchez un appartement dans Paris à 3000 € le m² comme il y a 15 ans, je vous souhaite bon courage.

De même, c'est toujours le bon moment pour se faire financer. Ne vous laissez pas décourager par ceux qui disent que « les crédits à 100%, c'est fini, les banques ont resserré leurs critères et veulent maintenant un apport » : un bon courtier vous sortira parfois de l'ornière.

Alors si c'est toujours le bon moment pour acheter et emprunter, de quoi vais-je bien pouvoir vous parler dans cette partie consacrée au « quand » ?

Je vais parler de gestion du temps. De votre temps.

L'important est d'agir vite

Certaines personnes vous parleront de « devenir propriétaire » pendant dix ans. D'autres, qui n'avaient pas davantage de moyens financiers au départ, achèteront dix biens pendant la même période.

La différence se fait sur la gestion du temps, sur la capacité à agir vite. Pour vous constituer un patrimoine conséquent (si tel est votre but : encore une fois, il n'y a aucune obligation), il vaut mieux commencer tôt, mais surtout il est indispensable de ne pas attendre dix ans entre deux achats.

C'est d'ailleurs l'une des raisons pour lesquelles la plupart des gens n'investissent pas : ils ne se lancent dans l'achat d'un bien que lorsqu'ils doivent déménager, parce qu'ils n'ont pas le choix suite à l'arrivée d'un enfant ou suite à une mutation professionnelle.

Un achat immobilier est un processus assez complexe, qui implique de nombreuses personnes. Il peut donc prendre du temps, surtout si vous ne déléguez pas suffisamment. C'est pourquoi je vous ai parlé, au paragraphe précédent, de toutes les personnes qui vous aideront à aplanir les obstacles.

Mais ce n'est pas suffisant. Vous devrez vous-même avoir une productivité suffisante et une gestion du temps suffisamment rigoureuse pour coordonner toutes ces personnes. C'est pourquoi le paragraphe qui suit vous donne quelques astuces pour augmenter radicalement votre productivité. Certes, ce livre n'est pas un ouvrage de développement personnel, il n'a donc pas vocation à développer longuement le sujet : je serai donc extrêmement bref et vous renverrai au meilleur (à mon sens) de l'abondante bibliographie qui existe sur le sujet.

Il y a beaucoup plus de 24h dans une journée

Supprimez les tâches les plus chronophages

Télévision, Facebook, magazines… Ces media consomment plus de 3h du temps quotidien des Français. Or notre temps libre, dans une journée de travail, est très limité : disons 1h le midi et 5h le soir, au maximum. 3h devant les media, c'est la moitié de votre temps qui part en fumée. Si vous manquez de temps pour vos projets, c'est peut-être à cause de cela.

Déléguez les tâches non essentielles

Ménage, repassage, autant de tâches qui vous consomment un temps et une énergie qui pourraient être plus utilement consacrées à vos projets, quels qu'ils soient. Si vous en avez les moyens, n'hésitez pas à déléguer ces tâches : il faut parfois savoir perdre un peu d'argent pour se focaliser sur les projets les plus importants et les plus rémunérateurs à terme.

Regrouper les tâches qui ne peuvent pas être supprimées ou déléguées

Combien de fois par jour regardez-vous vos e-mails ? Avez-vous songé au temps que vous gagneriez à ne les regarder que deux ou trois fois dans la journée, et jamais en premier ? L'excellent livre « la semaine de quatre heures » vous en fait une superbe démonstration.

Plus généralement, faites passer vos projets avant les sollicitations des autres, qu'elles arrivent par e-mail, téléphone, ou physiquement. Apprendre à dire non est l'une des choses les plus difficiles à cet égard.

On utilise toujours tout le temps qu'on a : fixez-vous des deadlines

Donnez-vous un mois pour réaliser une tâche : vous mettrez un mois. Donnez-vous une semaine : vous mettrez une semaine. Donnez-vous un jour : vous mettrez un jour, même si la qualité du travail en pâtira un peu.

Moralité ? Fixez-vous des dates limites, ne commencez pas les choses trop tôt, « juste au cas où », « pour s'avancer ». Vous avez mieux à faire de votre temps.

Stayfocusd compte le temps que vous passez sur les sites internet que vous lui signalez (Facebook...). Vous avez fixé une limite de temps, et lorsque celle-ci est atteinte, tout se bloque. Radicalement efficace.

Dropbox. Lorsque vous constituerez vos dossiers pour votre achat immobilier, vous sentirez le poids du mot « bureaucratie ». Relevés de compte, bulletins de salaire, contrat de travail, justificatifs d'épargne, pièces d'identité, compromis de vente, avis d'imposition, RIB, tableaux des crédits en cours, justificatifs de domicile... Cela devient vite l'enfer, surtout si vous achetez à plusieurs. Dropbox permet de stocker tout cela comme si c'était sur le bureau de votre ordinateur, sauf que tout est stocké en ligne, sur des serveurs. Ce que ça change ? Vous pouvez tout retrouver depuis n'importe quel ordinateur connecté à internet. Pratique pour récupérer des documents à tout moment. C'est aussi un excellent système de sauvegarde de vos fichiers : adieu les clés USB et autres disques durs externes.

Et vous, quels sont vos outils favoris et qu'ont-ils changé dans votre vie ?

La to-do list

Le classique des classiques : fixez-vous une liste de choses à faire dans la journée et réalisez-les en priorité. En priorité, cela veut dire « avant de consulter vos e-mails ». Et rien que ça, ce n'est pas facile.

Mais prenons plutôt un exemple concret. Si vous connaissez déjà le type de bien immobilier que vous souhaitez acheter, faîtes trois choses :

- recherchez sur Google dix chasseurs immobiliers et envoyez-leur un e-mail décrivant votre recherche (pour vous aider, un exemple figure en partie VI).

- faites la même chose avec dix courtiers et votre banquier.

- et contactez aussi deux ou trois notaires si vous n'en n'avez pas encore.

Les réponses vont vite affluer, avec des demandes de précisions, ce qui vous obligera à répondre, et donc à vous occuper de votre projet. Vous serez là encore soumis aux sollicitations des « autres », à la différence que les « autres » sont maintenant des gens qui travaillent pour vous.

Voilà, je n'en dis pas plus car vous n'avez pas acheté, à la base, ce guide pour augmenter votre productivité.

Maintenant que nous avons vu le « quand », intéressons-nous au « où ». Ne soyez pas surpris, je vais vous inviter à sortir des sentiers battus.

3. « Où » acheter : hors des sentiers battus

A Paris

Amusez-vous à assister à une séance d'enchères à Paris. Vous verrez que vous n'avez aucune chance de faire une bonne affaire : un monde fou et de nombreuses personnes qui ont déjà tout visité. Ceci vous donne une idée de l'état du marché dans les centres des grandes villes.

En finance, on dit que le marché est très « liquide » : il y a beaucoup d'acheteurs et beaucoup de vendeurs. La conséquence est que la plupart des biens partiront au juste prix. Car s'ils sont vendus trop chers, les acheteurs pourront toujours décider d'acheter un autre bien mieux et moins cher. Et s'ils sont vendus insuffisamment cher, plusieurs acheteurs manifesteront leur intérêt, ce qui poussera le vendeur à monter son prix. Dans ce type de marché « liquide », il est difficile de faire de bonnes affaires.

A la campagne

Vous êtes le roi du pétrole

Allez maintenant dans une petite ville de province. Par petite ville j'entends vraiment une petite ville. N'hésitez pas à descendre jusqu'à 10 000, voire 5000 habitants si elle est dynamique, bien située et bien desservie. Vous goûterez alors au plaisir d'être considéré comme l'Émir du Qatar : avec 200 000 € de budget vous êtes au-dessus de la moyenne des acheteurs, et vous serez bien souvent la seule personne intéressée par un bien, surtout s'il s'agit d'un immeuble de rapport de quelques appartements.

C'est dans ce type de marché « peu liquide » que se trouvent les opportunités : c'est là que vous pouvez acheter en-dessous du prix « normal ».

Vous connaissez maintenant la clé pour payer vos biens immobiliers moins chers. Et ça a peu à voir avec les trucs, astuces et techniques de négociation que l'on vous vend dans d'innombrables ouvrages et sites internet.

Et dans les villes peu cotées

Vous pouvez également vous intéresser aux villes peu cotées, là où tout le monde vous dira : n'achetez jamais ! Il peut s'agir de grandes villes, comme Roubaix par exemple, mais considérées comme pauvres. Le principe est alors le même que pour un achat à la campagne ou dans une petite ville : pour un même prix, vous pouvez acheter des biens plus gros et plus rentables.

Et c'est là que se trouvent les biens qui vous intéressent

Or cela tombe bien, ce sont dans les petites villes ou dans les villes peu cotées que se trouvent les biens qui vous intéressent, et ce pour deux raisons.

La première est une question de budget. Si vous souhaitez bien acheter, c'est-à-dire acheter un bien qui s'autofinance, il vous faut un bien très rentable. Nous avons vu plus haut que le mieux est donc d'acheter un immeuble entier (l'immeuble en question pouvant être tout petit, par exemple trois appartements). Et un immeuble entier à 150 ou 200 000 €, ce n'est pas à Paris ou Lyon que ça se trouve. Si c'est le cas, appelez-moi très, très vite.

La seconde raison tient à la rentabilité du bien. Comme nous l'avons vu avec les exemples des familles Rigot et Hézay, la rentabilité, c'est-à-dire les loyers divisés par le prix du bien, est beaucoup plus élevée à la campagne que dans les grandes villes. Par exemple, la rentabilité brute d'un appartement tourne autour de 3% dans le centre de Paris ou de Cannes et monte autour de 9% à la campagne. Si vous passez à l'immeuble de rapport, vous montez sans peine à 10 ou 11% de rentabilité. Or, on l'a vu, c'est la rentabilité qui vous permet de rembourser votre crédit.

Moralité : les biens qui servent vos objectifs ne sont pas là où tout le monde vous dit d'acheter.

D'où vient d'ailleurs cette différence de rentabilité ?

Pour ceux d'entre vous qui souhaitent vraiment comprendre les mécanismes de l'immobilier, cet encadré vous détaille d'où vient la différence de rentabilité entre les petites villes peu cotées et les grandes villes chères. En d'autres termes, quand vous passez d'une petite ville à une grande ville, pourquoi les prix à l'achat montent-ils encore plus que les loyers ? Plus concrètement, pourquoi louer un appartement à Paris est-il trois fois plus cher qu'autour de Roubaix, alors qu'acheter un appartement est dix fois plus cher à Paris qu'à Roubaix ?

Il existe selon moi au moins deux niveaux d'explications.

L'explication la plus simple (mais pas forcément fausse) est que beaucoup de gens veulent se loger dans les grandes villes. Il y a donc un tri qui s'opère au profit des gens aisés. Et les gens aisés sont ceux qui ont les moyens d'acheter. Il y a donc, certes, une forte demande de location, mais une demande encore plus forte pour acheter. Le prix des biens monte donc plus haut que les loyers. En d'autres termes, la rentabilité est plus faible dans les grandes villes. Inversement, à la campagne ou dans une ville plutôt pauvre, les gens étant en général moins aisés, une proportion plus grande souhaitera louer. Les loyers monteront donc plus haut que les prix d'achat.

Un second niveau d'explication, plus abstrait, réside dans un principe de finance. Ce principe est le suivant : plus un actif est sûr, moins il est rentable. Un appartement au centre de Paris est considéré comme très sûr : on imagine mal Paris être désertée dans les 50 ans à venir. Il sera donc très peu rentable. Inversement, un bien à la campagne est plus risqué, car il se peut que vous ne trouviez aucun locataire et que personne ne veuille acheter votre bien si vous souhaitez le revendre. Comme l'investissement est plus risqué, il est aussi plus rentable.

Je ne voudrais pas vous faire peur avec ce mot « plus risqué ». Je ne voudrais pas relayer l'idée que les investissements dans les petites villes

---

sont une mauvaise idée, alors que c'est précisément ce que je fais et que c'est justement ce que je vous recommande. Je pense personnellement que même si ces biens sont un tout petit peu plus risqués que l'achat d'un bien en plein centre de Nice ou Bordeaux, le risque reste tout de même vraiment très faible. A condition toutefois de ne pas faire n'importe quoi, comme nous le verrons dans quelques paragraphes.

Ne suivez pas les idées reçues

Mais si les biens intéressants se trouvent à la campagne ou dans les villes peu cotées, comment se fait-il que tout le monde ne vous serine qu'une chose : l'emplacement, l'emplacement, l'emplacement ? A en croire certains il faudrait acheter en plein centre d'une ville d'un million d'habitants pour trouver un locataire.

Ce dicton n'est pas toujours vrai. Voyons pourquoi.

Il faut distinguer le niveau « macro » du niveau « micro ». Késaco ?

Au niveau « micro », c'est-à-dire à l'intérieur d'une même ville, il est vrai qu'il faut choisir un bon emplacement. Tout simplement parce que si votre emplacement est mauvais, dès qu'il y aura un peu moins de locataires, par exemple si la ville devient moins attractive, votre bien sera le premier à se vider. Inversement, si votre emplacement est bon, même en cas de crise, les gens voudront toujours se loger chez vous. C'est pourquoi, certes, j'achète dans de (très) petites villes, mais toujours dans le centre.

Au niveau « macro », c'est-à-dire entre deux villes ou deux régions, ce dicton perd tout son sens. Un appartement de 200 000 € au centre de Toulouse n'est ni mieux ni moins bien qu'un immeuble de 200 000 € dans une petite ville de Lorraine. Il s'agit simplement de deux biens différents, qui n'offrent pas les mêmes possibilités. L'appartement de Toulouse vous offrira des loyers faibles mais se valorisera (peut-être) avec le temps. Au contraire, votre immeuble en Lorraine ne vaudra sans doute pas beaucoup plus cher dans vingt ans, mais vous offre des loyers élevés tous les mois. Et, nous l'avons vu dans les premières parties, seuls les loyers vous permettent de rembourser votre crédit sans y mettre chaque mois de votre poche.

Nous pouvons résumer ce paragraphe en deux conclusions :

- Les petites villes oui, mais dans les centres villes.

- N'écoutez pas ceux qui croient savoir où acheter. D'ailleurs n'écoutez pas ceux qui croient savoir, en général.

N'écoutez pas ceux qui vous disent d'acheter près de chez vous uniquement

Un non-sens

Une autre idée reçue est l'idée qu'il ne faudrait acheter que près de chez soi, afin de bien connaître le marché local. Veuillez m'excuser de le dire de façon crue, mais cela me paraît vraiment stupide.

D'une part, on peut tout à fait habiter pendant vingt ans au même endroit sans rien connaître du marché immobilier local si on ne s'y est jamais intéressé.

D'autre part, on peut tout à fait connaître le marché immobilier d'une ville dans laquelle on n'habite pas. Surtout avec votre relais local : votre chasseur immobilier. Et même sans contact local, nous verrons dans la partie suivante qu'énormément d'informations se trouvent maintenant facilement et gratuitement sur internet : cartes des prix de l'immobilier, population de la ville, informations sur les actualités de la ville (aménagements, urbanisme) : nous ne sommes plus dans les années 1980.

Enfin, si vous avez en tête un type de bien précis, vous limiter à une zone proche de chez vous restreindra les opportunités, surtout si vous habitez dans une petite ville. Vous risquez donc de mettre beaucoup de temps à trouver. N'intégrez pas le club de ceux qui cherchent pendant un an !

Qui vous ferait acheter ce dont vous n'avez pas besoin

En outre, acheter près de chez soi peut vous conduire à acheter des biens qui ne correspondent pas du tout à votre stratégie. Imaginez que vous habitez au centre d'une grande ville chère. Autour de vous sont à vendre des appartements qui, peut-être, prendront de la valeur avec le temps, mais qui produisent des loyers assez faibles. Ces loyers ne vous permettront jamais de rembourser votre crédit sans y mettre de votre poche. Il s'agit donc exactement du type de biens qu'il ne faut pas acheter, sous peine d'être bloqué pendant 15 ans, le temps de rembourser votre crédit.

Moralité : n'hésitez pas à acheter loin de chez vous, osez et ne vous préoccupez pas des commentaires.

N'allez pas trop loin quand même
J'ajouterai juste une nuance : n'achetez tout de même pas trop loin de chez vous, surtout si vous visez un immeuble de rapport avec plusieurs appartements. Avoir plusieurs locataires peut prendre un peu de temps et demander quelques déplacements sur place, au moins au début. Il vaut donc mieux éviter d'avoir à traverser la France à chaque fois. Mon conseil ? Pas plus de 2h porte à porte, afin de pouvoir faire l'aller-retour en ne posant qu'une demi-journée de congés.

Mais alors quelle région choisir ?
N'importe laquelle.

Oui vous avez bien lu. Je ne pense pas que ce soit un critère important.

En pratique c'est la qualité de vos contacts locaux qui fera que votre projet se muera en succès ou en échec. C'est donc la zone de compétence de votre chasseur immobilier qui déterminera votre zone de recherche. Par exemple, si la personne que vous choisissez maîtrise un rayon de 50 km autour de Nancy, inutile de chercher ailleurs : vous pouvez largement trouver votre bonheur là-dedans, avec tous les types de biens représentés, depuis l'immeuble Art nouveau de centre-ville jusqu'au manoir en pleine campagne. En passant par ce qui vous intéresse : un petit immeuble au centre d'une petite ville ou d'un gros bourg.

Très bien, je me décide pour une petite ville. Quelles sont les précautions à prendre ?
Tout d'abord restez raisonnable et n'achetez pas dans un village trop petit. Cela pourra venir quand vous aurez une plus grande expérience d'investisseur, mais pour un premier achat un bourg de 5000 habitants me paraît un strict minimum.

Ensuite, visitez toujours le bien à acheter. C'est totalement évident mais mieux vaut le répéter. D'ailleurs si votre chasseur immobilier est sérieux il vous organisera une demi-douzaine de visites sur place, afin de vous faire confirmer le type de bien que vous souhaitez. Profitez-en pour sentir l'ambiance de la ville, l'animation : les commerces sont-ils ouverts ? Y a-t-il de la circulation ? Y a-t-il un marché ? Des services publics ?

Avant votre visite, un coup de Google Street view pour vous familiariser avec la rue et la ville ne fera pas de mal : http://maps.google.fr/

Ensuite assurez-vous que la ville est en croissance, ou du moins que la population ne diminue pas. Pour cela, regardez la population sur le site de l'Insee :

http://www.insee.fr/fr/themes/theme.asp?theme=2&sous_theme=1

Il vous suffit :

- de cliquer sur « démarrer votre recherche » en bas de la page,

- de sélectionner « commune » puis de saisir le nom de la ville ou son code postal

- puis « rechercher »,

- puis « évolution et structure de la population en 2010 »

- et enfin « chiffres clés Évolution et structure de la population »

Vous avez sous les yeux la population de la ville, mais surtout son évolution au cours du temps, ce qui est le plus important : si la ville se vide, il y aura un jour plus de logements à louer que de locataires. N'achetez pas.

Parfois l'INSEE publie des projections démographiques dans tel ou tel bassin d'emploi, à horizon 10 ou 20 ans. Tentez une recherche Google, si vous tombez sur une étude de ce type c'est un atout.

Comparez également les prix de l'immobilier dans cette ville avec ceux des villes voisines, grâce aux cartes en couleurs du site Meilleursagents. Pour voir ce que cela donne pour Dijon, cliquez sur le lien suivant : http://www.meilleursagents.com/prix-immobilier/dijon-21000/

Les transports sont également un point très important. Une petite ville doit être à moins d'une demi-heure environ de grandes villes, soit par la route, soit par le train. Cela vous donnera l'assurance d'avoir toujours comme potentiels locataires les gens travaillant dans la grande ville d'à côté et de bénéficier de la croissance de celle-ci. Les plus méticuleux d'entre vous pourront même compter le nombre de trains par jours dans chaque sens sur http://www.ter-sncf.com (rechercher ensuite la fiche horaire d'une ligne).

Bienvenue au club

Si vous effectuez ces vérifications vous entrerez immédiatement dans le top 3% des acheteurs les plus avisés. Eh oui, un investissement, cela se mérite. Mais rappelez-vous que le résultat en vaut la chandelle : si vous prenez le prix du bien que vous posséderez dans vingt ans et si vous le divisez par le nombre d'heures passées sur votre projet, vous verrez que votre rémunération approche les 1000 € de l'heure.

Mais si cela est trop fatigant vous pouvez faire comme les 97% des gens restants : aller voir l'agent immobilier du coin et signer pour le premier appartement en centre-ville venu, en vous disant qu'il vaudra peut-être cher un jour.

Bon, trêve de plaisanteries, voici quelques détails pratiques sur les caractéristiques du bien à acheter.

4. Quelques détails sur le « quoi » : les caractéristiques de votre immeuble

Nous avons vu plus haut les principales caractéristiques d'un immeuble de rapport : taille, rentabilité, emplacement. Voici quelques critères supplémentaires, pas forcément très intuitifs.

Un impératif : un bien déjà loué

L'intérêt de l'immobilier est de pouvoir investir entièrement à crédit. Cela est possible car la banque est rassurée par le fait qu'un bien physique existe pour garantir le prêt. Mais vous devez aussi rassurer la banque sur vos revenus, et en particulier sur les revenus futurs que vous tirerez de la location du bien.

La meilleure façon de rassurer la banque est de lui proposer de financer un bien déjà entièrement loué ou presque. Vous pourrez ainsi produire les baux, les quittances de loyer dans votre dossier de demande de crédit : vous ferez immédiatement la différence avec quelqu'un qui affirme que tel appartement va lui rapporter X € par mois, sans en apporter la preuve.

Des biens entièrement loués, cela se trouve sans aucune difficulté. Il vous suffira de mentionner ce critère à votre chasseur immobilier.

Évitez les rez-de-chaussée commerciaux

Beaucoup d'immeubles sont bâtis de la même façon : un commerce au rez-de-chaussée et quelques appartements dans les étages. Ceci ne pose en soi aucun problème : acheter un local commercial et le louer à un commerçant n'est pas plus compliqué que d'acheter et de louer un local d'habitation.

Toutefois j'ai constaté que qu'un local commercial pose parfois des problèmes métaphysiques aux banques : certaines refusent par principe de financer un bien à 100% ou 110% dès qu'il ne s'agit pas entièrement d'habitation. Bien qu'il n'y ait aucune explication rationnelle à ce type de règles, ces règles existent et il faut faire avec.

Je vous conseille donc, pour débuter, de trouver un bien composé uniquement d'appartements. Vous aurez ensuite tout le temps d'apprendre les règles pour faire financer un bien mixte commercial / habitation.

Achetez un bien en bon état

Vous trouverez souvent des biens avec des rentabilités faramineuses, montant parfois jusqu'à 15%. Ces biens ont souvent un défaut : ils sont en mauvais état et sont souvent loués à des personnes ayant des revenus modestes.

Outre le problème moral que cela pose (vous ne souhaitez pas devenir marchand de sommeil j'espère), acheter un bien en mauvais état n'est pas une bonne idée pour débuter : vous risquez de devoir faire d'importants travaux à court terme, qui feront s'évaporer vos économies. A quoi cela sert-il de faire des pieds et des mains pour que la banque finance vos frais de notaire, si vous devez payer de votre poche le même montant en travaux un an après ?

Maintenant que ces quelques rappels ont été faits, je vous propose d'attaquer un très gros morceau : le financement. Accrochez-vous, cela risque de décoiffer et de remettre en cause des idées très répandues.

5. Le « comment » : comment financer votre achat ?

Pourquoi ce point ne vient que maintenant

Le financement n'est pas l'aspect le moins important de votre achat immobilier. Au contraire, il va même conditionner l'ensemble. C'est pourquoi vous devez vous assurer de votre budget au tout début de votre projet, afin d'éviter de travailler (et de faire travailler tous vos partenaires) pour rien, pour un projet qui ne verra jamais le jour faute de crédit.

Si je traite seulement maintenant du financement, c'est parce que le crédit n'est qu'un outil : il faut d'abord comprendre l'intérêt d'une stratégie immobilière, puis choisir le type de bien que vous souhaitez acquérir. Le crédit est ensuite un outil que vous allez utiliser pour parvenir à vos fins.

Vos critères financiers : allez à contre-courant de la pensée dominante

La plupart des conseillers que vous rencontrerez n'auront qu'un mot à la bouche : le taux. Le fameux taux d'intérêt.

Or le taux n'est pas du tout le point le plus important pour un investissement locatif. Au moins deux choses sont beaucoup plus importantes.

Un financement total

Nous avons déjà vu qu'un bien, quel qu'il soit, ne doit rien vous coûter à l'achat : vos économies seront mieux bien utilisées si elles servent vos autres projets. Pour que le bien ne coûte rien à l'achat, il faut que la banque finance non seulement le bien, mais aussi les frais annexes : frais de notaire, frais de garantie, meubles s'il y en a, petits travaux s'il y en a, et frais de dossier.

Le point le plus important est donc un financement à 100% ou 110%. Mais comme très peu de gens y pensent spontanément, votre courtier ne mettra pas ce critère en haut de la liste de priorités si vous ne lui indiquez pas. Soyez donc très explicite là-dessus.

Comme mentionné plus loin, un tel financement peut être très difficile à obtenir selon la période et votre profil. Un financement à 100%, dans lequel vous apportez les frais annexes, est donc une alternative convenable.

Parfois votre banquier vous demandera un apport plus important. Acceptez si vous n'avez pas le choix, mais gardez tout de même de la trésorerie : c'est quand on achète un nouveau bien qu'on a des surprises... Au pire, faites un crédit court terme pour soulager votre trésorerie, quitte à le rembourser par anticipation si vous n'en n'avez pas l'utilité : il est toujours plus facile d'emprunter par précaution quand tout va bien que lorsque vous êtes à découvert à cause de travaux imprévus que vous avez dû payer.

Petite comparaison entre celui qui achète cash avec un héritage et quelqu'un qui l'utilise avec parcimonie

Monsieur Lhéritier vient de recevoir 150 000 € de ses parents. Il cherche à acheter un bien immobilier et vient d'en trouver un, qui rapporte 11 000 € nets par an.

La première possibilité qui s'offre à lui est d'acheter cash. Il percevra donc un revenu de 11 000 € net par an. C'est le choix de la simplicité.

La seconde possibilité consiste à utiliser 20 000 € de son épargne pour financer les frais de notaire, à emprunter 130 000 € sur 25 ans et à laisser 130 000 € sur son compte en banque. Les remboursements à la banque seront d'environ 9000 € par an, ce qui lui laisse environ 2000 € par an de revenus nets. Plus les revenus générés par ses 130 000 € de placements.

Monsieur Lhéritier peut donc continuer à investir. Lorsqu'il trouvera un second bien, il pourra là encore utiliser 20 000 € de son épargne pour financer les frais de notaire et emprunter le reste. Et ainsi de suite.

On voit tout de suite qu'avec la seconde méthode, le patrimoine et les revenus constitués par monsieur Lhéritier sont bien supérieurs à ce qu'il aurait eu sans emprunter.

La conclusion est simple : utilisez au maximum *l'effet de levier* offert par les banques : s'endetter, c'est s'enrichir.

De façon plus générale et plus abstraite, vous avez intérêt à utiliser un crédit si vous êtes capables de placer votre argent à un taux supérieur à celui que vous payez à votre banque. C'est votre cas : en achetant un bien locatif rapportant au moins 7% net, vous battez largement la banque qui vous prête à 3,5 ou 4%.

Et pour les férus de finance d'entreprise, calculez la rentabilité sur fonds propres. Si, avec 20 000 € d'apport, vous achetez un bien à 200 000 € qui vous rapporte 10 000 € une fois déduits les charges et les intérêts d'emprunt, votre rentabilité sur fonds propres est de 50%.

Un financement sur 20 ou 25 ans si possible

Il est également primordial que le bien ne vous coûte rien chaque mois, et même, si possible, qu'il vous rapporte : ce petit revenu pourra, au choix, soit vous servir de matelas de sécurité, soit servir à impressionner la banque pour obtenir un futur crédit, soit améliorer votre train de vie.

Pour que le bien ne vous coûte rien, il faut que votre mensualité soit la plus basse possible et donc que votre prêt soit le plus long possible. 25 ans est une bonne durée, 20 ans un peu court. Mais parfois vous n'aurez pas le choix, certaines banques sont frileuses au-delà de 20 ans.

Certes, vous paierez beaucoup plus d'intérêt avec un crédit sur 20 ou 25 ans qu'avec un crédit sur 15 ans, mais où est le problème ? L'important est qu'à la fin le bien soit à vous et surtout que vous ne soyez pas bloqué si vous souhaitez faire un autre achat.

Pour le dire de façon plus concrète, je préfère me faire financer sur 20 ou 25 ans, empocher quelques centaines d'euros chaque mois et recommencer, plutôt que me faire financer sur 15 ans, ne rien gagner et être bloqué pour la suite de mes achats.

Ce point est assez perturbant car tout à fait contre-intuitif. Les primo-accédants préfèrent en général faire le contraire et rembourser le plus vite possible, sur 10 ou 15 ans par exemple. C'est comme cela qu'ils se retrouvent endettés jusqu'au cou, à ne pas pouvoir emprunter un euro de plus.

Seule une petite minorité d'investisseurs plus sérieux utilise par choix le crédit sur 25 ans. Ces gens savent qu'on est plus riche avec 100 € sur son compte en banque et 100 € de dettes qu'avec 0 € et 0 € (nous avons vu ce principe en partie II) ; ils savent donc qu'il faut rembourser (amortir) le minimum chaque mois et garder le maximum en trésorerie.

C'est cette technique, absolument fondamentale, que je mets à votre disposition pour votre premier achat.

Ne négligez pas ce point : il ne sert à rien d'acheter un bien extrêmement rentable si vous le financez sur une durée trop courte, car de toute façon vous ne pourrez pas continuer à investir avant de longues années. Un mauvais choix en matière de financement peut ainsi ruiner tous vos efforts pour vous construire un patrimoine immobilier.

Voici deux astuces complémentaires :

- certaines banques proposent d'allonger gratuitement la durée du prêt en cours de prêt. Par exemple, vous commencez sur 20 ans et au bout de quelques années vous pouvez réduire votre mensualité en passant sur 22 ans, au même taux. Cette option s'appelle généralement la modulation des échéances.

- d'autres proposent de suspendre tout ou partie des mensualités, pendant quelques mois, voire un an. On parle aussi de mise en différé total (suspension des mensualités) ou partiel (suspension du remboursement du capital, vous ne payez plus que les intérêts) en cours de prêt. Là encore, cela vous permet de reconstituer votre trésorerie pour un nouvel achat ou des travaux. La durée du prêt est allongée d'autant, au même taux.

Le taux

Comme on le voit, ce n'est pas le point le plus important. Si votre bien vous rapporte de l'argent chaque mois, quelle différence y a-t-il à vous faire financer à 3,5%, 3,8% ou 4% ? Vous remarquerez d'ailleurs que les grandes entreprises empruntent à des taux plus élevés (car leur activité est plus risquée) et que ça ne les dérange absolument pas.

La grande question qui agite les forums sur internet est : taux fixe ou taux variable ? Comme le taux n'a pas beaucoup d'importance, je pense qu'il faut tout d'abord relativiser l'enjeu : on parle de dixièmes de points d'intérêt.

Je ne vais donc pas m'éterniser sur le sujet, mais vous donner deux avis simples :

- si l'écart entre un taux fixe et un taux variable est faible (inférieur à 0,30%), prenez un taux fixe, cela rassurera peut-être les banques lors de vos futurs investissements.

- si vous prenez un taux variable, prenez-le absolument « capé », c'est-à-dire plafonné. Il serait regrettable que vous passiez dans 10 ans de 3% à 7% d'intérêts, si la situation économique du pays évolue.

L'assurance

Vous trouverez sur internet de nombreux écrits sur la délégation d'assurance. L'idée est simple : vous devez prendre une assurance pour votre prêt, qui vous coûtera en général entre 0,1% et 0,4%, en plus du taux de base. Plutôt que de choisir l'assurance proposée par la banque qui vous fait le prêt, vous avez le droit d'en choisir une autre, moins chère. Et on vous explique que la banque n'a pas le droit de refuser la délégation.

C'est vrai.

Mais la banque a aussi le droit de ne pas vous prêter d'argent.

Mon conseil : vous faire financer à 100% ou 110% sur 20 ou 25 ans est déjà suffisamment compliqué comme ça ; donc oubliez la délégation d'assurance, du moins dans un premier temps. En effet vous avez le droit de changer d'assurance pendant un an après la signature du prêt. Si vous prévoyez un prochain achat moins d'un an après et que la banque ne vous suit pas, il sera toujours temps de changer d'assurance à ce moment.

Anticipez et restez zen

Lancez des démarches en parallèle dans plusieurs banques. En effet, si votre banque vous fait languir pendant trois mois puis refuse votre dossier, il sera difficile d'aller voir une autre banque, dans l'urgence, avec un compromis proche de l'expiration. Ce n'est pas parce qu'un conseiller vous dit « aucun problème » que c'est le cas, certains s'engagent oralement très au-delà de leur compétence.

Enfin, une fois l'offre signée, vous n'êtes pas au bout de vos peines : cela peut paraît surprenant, mais les erreurs dans les mentions manuscrites qui entraînent une réédition de l'offre sont malheureusement assez courantes.

Votre dossier va-t-il être accepté ?

Les banques ont des critères nombreux et variés pour apprécier votre dossier. Votre rôle n'est pas de savoir quelle banque applique quel critère de quelle manière, et quelle banque il vaut mieux choisir pour que le dossier soit accepté : tout ce travail, complexe pour un premier achat, est à déléguer à votre courtier.

En revanche il y a une tâche qui vous incombe : améliorer votre dossier sur chacun de ces critères. Nous allons maintenant voir lesquels et comment.

Les critères de base

Je ne m'étendrai pas sur les critères de base examinés par les banques : être en CDI, avoir des revenus corrects, ne jamais avoir de découvert, épargner régulièrement et avoir de l'épargne. Vous trouverez des informations gratuitement là-dessus sur internet.

En revanche si l'un des critères vous pose un vrai problème, vous aurez peut-être besoin de recourir à des solutions plus complexes, décrite dans la partie VII « stratégies avancées ».

Le taux d'endettement désigne le ratio entre vos charges et vos revenus. Vos charges sont votre loyer ou le crédit de votre résidence principale et vos autres crédits, immobiliers ou non. Vos revenus sont vos salaires et vos revenus locatifs.

Le taux d'endettement est en théorie limité à 33%. Toutefois pour de bons investisseurs ou des personnes ayant de bons revenus, certaines banques acceptent d'aller au-delà, sans que les critères ne soient très explicites. Choisir une banque suffisamment souple est le travail de votre courtier. Votre travail est de savoir où vous en êtes en matière de taux d'endettement.

Le taux d'endettement est un point extrêmement important car c'est là-dessus que bloquent 95% des investisseurs. Beaucoup de gens achètent leur maison, puis un appartement à louer, éventuellement un second, puis s'arrêtent car leur banque leur refuse un nouveau prêt. Il est pourtant dommage de s'arrêter en si bon chemin.

Le taux d'endettement classique

Imaginez que vous gagnez 3000 € par mois, que vous payez un loyer (ou un crédit) de 600 €. Votre taux d'endettement est calculé comme suit : 600 / 3000 = 20%.

Salaires 3000 €	Loyer 600 €
Endettement classique 20%	

Jusque-là il n'y a rien de compliqué.

Vous avez décidé d'acheter un bien immobilier qui vous rapporte 1200 € et dont le crédit sur 25 ans vous coûte 800 €. Vous allez voir la banque qui va calculer votre taux d'endettement.

Salaires 3000 €	Loyer 600 €
Loyers 70% x 1200 € = 850 €	Crédit 800 €
Revenus 3850 €	**Charges 1400 €**
Endettement classique 36%	

Certes, vous êtes un peu au-dessus de 33%. Toutefois, le projet étant très rentable, vous avez de bonnes chances que votre dossier passe si votre profil est correct par ailleurs.

Le taux d'endettement investisseur

Imaginons que vous avez réussi votre premier investissement. Vous souhaitez recommencer et vous avez identifié un second bien, identique au précédent. Le bien étant très rentable, vous vous dites que la banque acceptera également de financer.

La banque calcule votre taux d'endettement :

Salaires 3000 €	Loyer 600 €
Loyers 70% x 1200 € = 850 €	Crédit 800 €
Loyers 70% x 1200 € = 850 €	Crédit 800 €
Revenus 4700 €	**Charges 2200 €**
Endettement classique 47%	

47%. Votre dossier est refusé, malgré la qualité du projet.

C'est alors que vous entendez parler d'une seconde façon de calculer l'endettement. Avec cette méthode, la banque va considérer, pour vos investissements précédents, vos revenus locatifs nets du crédit.

Cela donne le tableau suivant :

Salaires 3000 €	Loyer 600 €
Revenus locatifs nets : 70% x 1200 € - 800 € = 50 €	
Loyers 70% x 1200 € = 850 €	Crédit 800 €
Revenus 3900 €	**Charges 1400 €**
Endettement investisseur 36%	

Et là, miracle, votre taux d'endettement redevient acceptable : 36%. Votre dossier est susceptible d'être accepté.

Cette méthode de calcul est appelée méthode « investisseur », « différentielle », « patrimoniale » ou « compensée ». Elle est appliquée par certaines banques pour les projets qui semblent de qualité, pour des emprunteurs ayant de bons revenus. Les banques ne crient pas sur les toits l'existence de cette méthode probablement pour éviter que le premier venu ne les embête en exigeant un prêt pour un projet qui ne tient pas la route au motif que son taux d'endettement ainsi calculé est raisonnable.

En pratique

Je vous ai exposé le principe du calcul investisseur au paragraphe précédent. En pratique chaque banque a sa façon de calculer ce taux : en prenant les loyers charges comprises ou hors charges, en considérant 70%, 80% voire 85% des loyers, en comptant ou non les éventuels locaux commerciaux etc.

Ce calcul est fait par des logiciels et la majorité des conseillers bancaires que vous rencontrerez ne sauront pas en expliquer le fonctionnement en détail : ils vous diront le chiffre que leur sort le logiciel, sans pouvoir le recalculer eux-mêmes.

L'important est de retenir deux choses :

- le taux d'endettement lié à vos projets locatifs est un obstacle qui peut être surmonté : un très bon investissement n'accroît normalement pas votre taux d'endettement. En revanche la charge fixe que constitue votre loyer ou le crédit de votre résidence principale est plus problématique. C'est pourquoi je vous ai conseillé dans les chapitres précédents de limiter cette charge ; en outre nous verrons en partie VII comment la minimiser radicalement.

- cette méthode du taux d'endettement « investisseur » peut vous être appliquée à certaines conditions, pas toujours claires. Toutefois l'un des critères les plus importants est le reste à vivre.

Le reste à vivre désigne le montant qui vous reste pour vivre une fois que vous avez payé vos mensualités. Si votre projet est très rentable et s'autofinance, il ne diminuera pas votre reste à vivre, ce qui constitue un premier point positif.

La présentation du dossier

Enfin, un dossier présentant le projet de façon très détaillée montre votre sérieux. Nous en parlerons dans la partie suivante, consacrée aux exemples pratiques : plutôt que de vous donner des consignes à respecter pour constituer un bon dossier, je vous montrerai directement un exemple de dossier. Si vous le reproduisez, il vous propulsera immédiatement dans le top 5% des meilleures présentations.

Les combines

Certains blogs vous décriront parfois certaines combines pour faire passer des crédits : par exemple solliciter deux banques simultanément pour deux projets, ou encore ne pas signaler les crédits si les fonds n'ont pas encore été débloqués.

Je ne cautionne aucune de ces méthodes, qui trompent la banque en minimisant le risque que vous lui faites courir. En cas d'incident de crédit (en clair, d'impayé), cela peut vous attirer de sérieux ennuis.

Maintenant que nous en avons fini avec ce gros morceau que constitue le financement, nous allons passer aux travaux pratiques. Pour chacune des phases de votre projet je mets à votre disposition le meilleur outil dont je dispose. Vous serez donc en mesure d'utiliser des documents plus complets et plus clairs que 95% des acheteurs.

Partie VI. Travaux pratiques

1. Évaluez votre budget

Combien pouvez-vous emprunter ?

Les deux premiers onglets du fichier Excel (disponible gratuitement sur simple demande à contact@mon1erachatimmobilier.com) vous permettent d'évaluer votre capacité d'emprunt. Renseignez vos revenus et vos charges, le tableur vous produira le montant maximum que vous pouvez envisager d'emprunter, sur 25 ans.

Pour ceux d'entre vous qui envisagent un investissement locatif, renseignez le premier onglet. Le tableur peut calculer votre taux d'endettement en mode classique ou investisseur. Comme expliqué dans la partie précédente, les deux méthodes ne diffèrent que si vous avez déjà réalisé un investissement locatif.

Bien entendu, pour un investissement locatif, cette capacité d'emprunt dépend de la rentabilité du projet : plus celui-ci est rentable, plus vous aurez de revenus, plus vous pourrez emprunter. J'ai fait l'hypothèse que votre projet aura une rentabilité brute de 10% ; vous pouvez la modifier si besoin.

Pour ceux qui envisagent d'acquérir leur résidence principale, il s'agit du deuxième onglet.

Quel sera votre taux d'endettement ?

Inversement, une fois que vous aurez un projet identifié, vous devrez calculer votre taux d'endettement afin de le reporter dans le dossier pour votre banque. En effet, même si la banque calculera elle-même ce taux, il est de bon ton de montrer que vous vous en préoccupez : c'est l'objet du troisième onglet (pour un investissement locatif) et du quatrième onglet (pour une résidence principale).

Dans tous les tableurs Excel, les cases à remplir sont en vert. Les paramètres que vous pouvez modifier si vous le souhaitez sont en bleu. Les autres cases ne sont pas à modifier. Aucune case n'est toutefois verrouillée afin de vous permettre de modifier le fichier si vous le souhaitez.

2. Créez votre équipe

Nous avons vu que trouver les bons partenaires est la clé de la réussite de votre achat. Voici des exemples d'e-mail pour solliciter chacun de vos partenaires. Ces exemples visent :

- d'une part à vous permettre d'employer le bon vocabulaire et de poser les questions les plus pertinentes

- et d'autre part à vous motiver à passer à l'action et à écrire : il est toujours plus simple de faire un copier-coller que de se retrouver devant une page blanche, même s'il s'agit d'un simple e-mail.

Écrire à votre chasseur immobilier

L'important est de montrer que vous avez une idée suffisamment précise de votre projet, afin de le motiver et de le convaincre qu'il ne perdra pas son temps en répondant à votre sollicitation.

Objet : investissement immeuble de rapport 200 – 300 k€

Bonjour,

Je vous contacte car je cherche à investir dans un immeuble de rapport dans la région de « la région de votre chasseur », pour un budget compris entre 200 et 300 k€. Il s'agit d'un investissement en SCI, réalisé avec le maximum d'effet de levier ; je recherche en priorité une bonne rentabilité, avec dans l'idéal un bien déjà loué en totalité. Je souhaite faire appel à un chasseur immobilier car je n'ai pas la disponibilité pour être suffisamment réactif sur les bonnes affaires.

Réalisez-vous ce type de recherche ? Si oui pourriez-vous me contacter aux coordonnées suivantes ?

jean.dupont@gmail.com

06 01 02 03 04.

Merci d'avance.

> Bien cordialement,
>
> Jean Dupont

Il vous reste ensuite à convenir d'un rendez-vous ; c'est à vous de vous déplacer, d'une part pour montrer votre motivation, de l'autre car c'est l'occasion de commencer à visiter la ville ou la région dans laquelle vous investirez.

Écrire à votre notaire

Il n'y a en fait rien à dire de particulier dans cet e-mail : le seul but est de vous faire rappeler afin de voir si le notaire est réactif et de sentir si le courant passe bien. Logiquement le notaire vous demandera si le compromis a déjà été signé, et si ce n'est pas le cas il vous demandera de le recontacter. Ce que vous ferez, ou pas, selon l'impression que vous avez eu.

> **Prise de contact pour un investissement immobilier**
>
> Bonjour monsieur,
>
> Je recherche un notaire pour m'assister pour un investissement immobilier locatif (immeuble de rapport en région « votre région cible »). Je réside à « votre ville » et je recherche un notaire assez proche géographiquement. Seriez-vous disponible pour un rendez-vous pour une prise de contact ?
>
> Bien cordialement,
>
> Jean Dupont.
>
> jean.dupont@gmail.com
>
> 06 01 02 03 04.

Écrire à votre expert-comptable

Il s'agit en fait d'une demande de devis pour les prestations que votre expert-comptable devra effectuer pour votre SCI. La difficulté est d'employer le bon vocabulaire pour qualifier ces prestations. Voici un exemple.

Demande de devis

Bonjour,

J'ai signé hier un compromis pour un immeuble de rapport de 4 lots situé en région « votre région cible ». Il s'agit du premier investissement de la SCI familiale. Je souhaiterais donc un devis pour les prestations suivantes :
- tenue de la comptabilité
- établissement de la liasse fiscale
- conseil.
Il s'agit d'une SCI à l'IS, non assujettie à la TVA.

Vous trouverez ci-joint une description du projet (que j'ai réalisée pour démarcher les banques) et les statuts de la SCI. N'hésitez pas à m'appeler au 06 01 02 03 04.

Merci.

Bien cordialement,

Jean Dupont.

jean.dupont@gmail.com

06 01 02 03 04.

Ne vous perdez pas dans vos contacts

Lors de votre premier achat ou investissement vous serez très vite au contact de très nombreuses personnes : courtiers, notaire, chasseur immobilier, éventuellement artisans. Et pour chacune de ces catégories vous contacterez plusieurs personnes afin de sélectionner le meilleur.

Au fur et à mesure de vos investissements la situation va se simplifier : vous saurez directement qui appeler dans quel cas, vous ne travaillerez plus qu'avec une seule personne de chaque catégorie : un seul chasseur immobilier, un seul courtier.

Mais en attendant, ce n'est pas simple. Vous pouvez donc utiliser le cinquième onglet du fichier Excel pour lister tous vos contacts : cela vous évitera de vous mélanger les pinceaux, surtout si vous travaillez avec plusieurs courtiers en parallèle.

3. Créez votre SCI (mais pas n'importe laquelle) pour payer moins d'impôts

Qu'est-ce qu'une SCI ?

On trouve une masse très considérable d'informations au sujet des sociétés civiles immobilières. Des livres entiers, dont certains sont fort bien faits, leurs sont même consacrés (cf. la bibliographe en fin d'ouvrage).

Mais comme une structure juridique n'est qu'un moyen et non une fin, je vais aller droit à ce qui vous concerne pour votre stratégie : nous ne verrons ici qu'un résumé extrêmement synthétique des points clés de la SCI, mais toutefois suffisant pour que vous fassiez les bons choix. Pour tous les détails, votre expert-comptable (que vous venez de recruter en envoyant le mail du paragraphe précédent) se fera un plaisir de vous répondre.

Une société civile immobilière, ou SCI, est une société, autrement dit une personne morale, c'est-à-dire une personne comme vous et moi, sauf qu'elle n'a pas d'existence physique mais seulement une existence juridique. La SCI est possédée par des associés, qui sont les « propriétaires » de la société : par exemple vous et votre conjoint. Comme toute personne physique ou morale, une SCI peut acheter un bien immobilier et contracter un crédit.

Et à quoi cela sert-il ?

Le point important à comprendre est qu'une SCI peut choisir soit d'être « à l'IR » soit d'être « à l'IS ».

A l'IR, cela signifie que les associés de la SCI paient leur impôt sur le revenu (IR) comme s'ils possédaient le bien immobilier eux-mêmes. Ce choix ne présente pas d'intérêt, pour ce qui vous concerne : autant acheter le bien immobilier soi-même, sans passer par une société.

A l'IS, cela signifie que l'on considère que la SCI est une « vraie » société, d'un point de vue fiscal. Elle paie donc l'impôt sur les sociétés (IS). Or celui-ci est plus faible que l'impôt sur le revenu, pour deux raisons :

- le taux de l'IS est de 15% jusqu'à 38 120 € de bénéfice.

- vous pouvez déduire de vos revenus grand nombre de charges (amortissement, taxes, frais de comptabilité notamment). Votre bénéfice imposable est donc très faible, voire nul.

En résumé, votre SCI à l'IS paie un impôt sur les sociétés très faible : 15% de pas grand-chose, voire 15% de zéro.

La SCI à l'IS vous permet donc de payer très peu d'impôt, ce qui vous fait gagner encore quelques dizaines ou centaines d'euros par mois pendant des années.

Le gros inconvénient a lieu à la revente, où vous paierez beaucoup plus d'impôts. Mais comme votre stratégie consiste précisément à acheter des biens très rentables et à prendre des crédits sur 25 ans, il n'y a aucune raison de revendre : problème résolu.

Enfin, prévoyez un capital faible, par exemple 100 euros ou 1000 euros, et si besoin apportez de l'argent à la SCI en compte courant d'associé. Le compte courant d'associé est un prêt (rémunéré ou non) que fait un associé à la SCI. Ainsi, si vous souhaitez un jour récupérer cet argent, la SCI ne vous versera pas de dividende mais vous remboursera votre compte courant d'associé. Vous ne paierez donc pas d'impôt (sauf sur les intérêts du prêt, s'il y en a).

Des statuts que vous n'avez qu'à recopier

Voici des statuts de SCI, déjà utilisés et revus par un notaire : vous n'avez qu'à les recopier. J'ai surligné en jaune les quelques points que vous devrez déterminez vous-même, comme la répartition des parts.

Pour les avoir en version .doc, écrivez-moi à contact@mon1erachatimmobilier.com. Je vous l'ai déjà écrit plus haut mais je préfère vous le redire : je déteste le spam autant que vous, aussi je n'utiliserai

JAMAIS votre e-mail pour vous fourguer des publicités, quelles qu'elles soient.

Société Civile Immobilière Dupont

Les soussignés :
• Monsieur Jean Jacques Dupont, domicilié au « votre adresse », « votre profession », né le « votre date de naissance », célibataire / marié
• Madame Jeanne Marie Dupont, domiciliée au « votre adresse », « votre profession », né le « votre date de naissance », célibataire / marié

ont établi, ainsi qu'il suit les statuts de la Société devant exister entre eux et toute autre personne pouvant acquérir la qualité d'associé.

Article 1 : Forme

Il est formé une société civile à capital variable régie par les articles 1832 et suivants du Code civil, par tous textes qui viendraient à les modifier ou les compléter et par les présents statuts.

Article 2 : Objet

La société a pour objet :
l'acquisition, la propriété, l'administration, la gestion et plus généralement l'exploitation par bail, location (notamment en meublé) ou toute autre forme d'immeubles, de biens immobiliers, de société civiles immobilières (ou de parts de celles-ci), détenus en pleine propriété, nue-propriété ou usufruit, ainsi que l'aliénation sous forme de vente ou d'apport de tout ou partie des biens composant l'actif social.
Et toutes opérations financières (notamment le cautionnement, l'emprunt et la prise de participation dans d'autres sociétés), mobilières ou immobilières de caractère civil ou commercial et se rattachant, directement ou indirectement, à l'objet social.

Article 3 : Dénomination sociale

La société prend la dénomination de Dupont. Cette dénomination doit figurer sur tous les actes ou documents émanant de la société et destinés aux tiers. Elle doit être précédée ou suivie des mots " Société Civile ", suivis de l'indication du capital social, de l'adresse du siège social et du numéro d'immatriculation au Registre du commerce et des sociétés.

Article 4 : Durée

La société est constituée pour une durée de quatre-vingt-dix-neuf ans à compter de son immatriculation au Registre du commerce et des sociétés compétent, sauf prorogation ou dissolution anticipée.

1.	Prorogation : Un an au moins avant le terme prévu par les présents statuts, les associés devront être consultés sur la prorogation de la société. A défaut, tout associé peut solliciter par voie de requête au Président du Tribunal de grande instance la désignation d'un mandataire de justice chargé de provoquer la consultation ci-dessus mentionnée. La prorogation résulte d'une décision collective des associés prise à la majorité exigée par la modification des statuts.

2.	Dissolution : La société sera dissoute dans tous les cas prévus par l'article 1844-7 du code civil , et de la décision collective des associés prise à cet effet à la majorité exigée pour la modification des statuts. La dissolution ne pourra pas intervenir automatiquement par suite d'un événement affectant la qualité d'un associé, comme par exemple: décès, faillite personnelle, liquidation ou règlement judiciaire d'un associé, cessation des fonctions d'un gérant, associé ou non.

Article 5 : Siège social

Le siège de la société est fixé au « votre adresse ».
Ce siège ne pourra être transféré que sur décision extraordinaire des associés. Cependant, si le siège est transféré dans la même commune ou le même département, cette décision pourra être prise par la gérance qui, dans ce cas, est habilitée à modifier les statuts en conséquence.

Article 6 : Apports

Les apports faits par les associés sont les suivants :

Apports en numéraire

M. Jean Dupont apporte à la société une somme en numéraire de :   49 €.
Mme. Jeanne Dupont apporte à la société une somme en numéraire de : 51 €
TOTAL   100 €.

Ladite somme a été versée sur le compte ouvert au nom de la société en formation auprès de la Banque « votre banque » [pour information les frais de tenue de compte à la Banque postale sont plutôt moins élevés qu'ailleurs], ainsi que les associés le reconnaissent.
M. Jean Dupont déclare que les sommes ainsi apportées proviennent de deniers qui lui sont propres comme provenant de son patrimoine personnel.
Mme. Jeanne Dupont déclare que les sommes ainsi apportées proviennent de deniers qui lui sont propres comme provenant de son patrimoine personnel.

Article 7 : Capital social

1. Montant du capital social

La société est à capital variable, avec un montant maximum autorisé et un montant minimum.
Le capital plafond (maximum) autorisé s'élève à 1 000 € (mille euros).
Le capital plancher (minimum) est égal à 100€ (cent euros).
Le capital social initial est fixé à la somme totale de 100 € se décomposant comme suit :
• Apport en espèces de M. Jean Dupont, pour une somme de 49 €
• Apport en espèces de Mme. Jeanne Dupont, pour une somme de 51 €.
Total   100 €.
Le capital social est divisé en 100 parts sociales de 1 euros chacune, numérotées de 1 à 100 et attribuées de la manière suivante :
Il est attribué à :
M. Jean Dupont, 49 parts numérotées de 1 à 49,
Mme Jeanne Dupont, 51 parts numérotées de 50 à 100.
Total 100 parts.

2. Libération du capital en numéraire

• Libération immédiate
Sur la somme de 100 €, il est libéré immédiatement un montant de 100 €, correspondant à :

- pour M. Jean Dupont, à 49 €
- pour Mme Jeanne Dupont, à 51 €

Ce montant a été déposé en numéraire dans la caisse sociale, sur un compte ouvert au nom de la société en formation auprès de la Banque Postale.

Article 8 : Augmentation et réduction du capital

Le capital social pourra être augmenté, en une ou plusieurs fois par décision de l'assemblée générale extraordinaire. Cette augmentation pourra avoir lieu soit au moyen d'apports nouveaux en numéraire ou en nature, soit au moyen d'une capitalisation de réserves ou de bénéfices. En cas d'apports nouveaux en numéraire, ceux-ci pourront être libérés par compensation avec des créances liquides et exigibles sur la société. Lors de la décision d'augmenter le capital social, la collectivité des associés devra décider si cette augmentation aura lieu par élévation de la valeur nominale des parts ou par création de parts nouvelles. Les attributaires de parts nouvelles, s'ils ne sont pas déjà associés, devront être formellement agréés par les associés.

L'assemblée générale extraordinaire peut également décider de réduire le capital social. Cette réduction pourra avoir lieu par remboursement ou rachat de parts, par réduction de leur montant nominal ou de leur nombre. Notamment, la décision des associés emportant acceptation ou constatation, selon le cas, du retrait d'un associé ou celle dont il résulte que ne sont pas agréés les héritiers ou légataires d'un associé décédé vaut réduction du capital social au moyen de l'annulation des parts sociales concernées à hauteur de la valeur nominale de celles de ces parts qui ne seraient pas rachetées par les associés ou toute autre personne par eux désignée, la gérance ayant tous pouvoirs pour régulariser l'opération et la rendre opposable aux tiers.

Les variations de capital, à l'intérieur des limites décrites à l'article 7, n'entraînent pas de modification statutaire et ne sont pas assujetties aux formalités de dépôt et de publicité.

Article 9 : Titre des associés

Les parts sociales ne peuvent être représentées par des titres négociables. Le titre de chaque associé résultera seulement des présentes, des actes qui pourraient modifier le capital social et des cessions qui seraient ultérieurement consenties. Une copie ou un extrait de ces actes, certifié par un gérant sera délivré à chacun des associés sur sa demande et à ses frais.

Article 10 : Droits et obligations des associés

1. Droits des associés

Droit de retrait : tout associé peut se retirer de la société avec l'accord des autres associés, à moins qu'il n'obtienne ce retrait par décision de justice pour justes motifs.

Droit sur les bénéfices, les réserves et le boni de liquidation : outre le droit au remboursement du capital, non déjà amorti, qu'elle représente, chaque part sociale donne droit dans la répartition des bénéfices, des réserves et du boni de liquidation à une part proportionnelle à la quotité du capital qu'elle représente. Si une part est grevée d'un usufruit, l'usufruitier a droit aux bénéfices, et le nu-propriétaire a droit à la réserve et au boni de liquidation.

Droit d'intervention dans la vie sociale : tout associé peut participer aux décisions collectives et y voter. Chaque part sociale donne droit à une voix. Si une part est grevée d'un usufruit, le droit de vote appartient au nu-propriétaire pour toutes les décisions prises en assemblée générale extraordinaire et à l'usufruitier pour toutes les décisions prises en assemblée générale ordinaire.

161

2. Obligations des associés

Le propriétaire d'une part sociale est indéfiniment responsable des dettes sociales à l'égard des tiers, mais à proportion seulement de cette part dans le capital social. Toutefois, les créanciers ne peuvent poursuivre le paiement des dettes sociales contre l'associé qu'après avoir vainement poursuivi la société. L'associé qui n'a apporté que son industrie est tenu comme celui dont l'apport est le plus faible. Tout associé a l'obligation de répondre aux appels de fonds lancés par la gérance et qui seront destinés soit à libérer le capital social soit à réaliser l'objet social. Les obligations attachées aux parts les suivent dans quelque main qu'elles passent. La propriété d'une part emporte, de plein droit, adhésion aux statuts et aux décisions régulièrement prises par les associés et la gérance.

Article 11 : Indivisibilité des parts

Chaque part est indivisible à l'égard de la société. Les propriétaires indivis sont tenus de se faire représenter auprès de la société par un seul d'entre eux ou par un mandataire commun pris parmi les associés. En cas de désaccord, le mandataire sera désigné en justice à la demande du plus diligent.

Article 12 : Scellés

Les héritiers et ayants droit ou créanciers d'un associé ne peuvent, sous quelque prétexte que ce soit, requérir l'apposition des scellés sur les biens et droits de la société, ou demander le partage ou la licitation, ni s'immiscer d'aucune manière dans les actes de son administration

Article 13 : Faillite d'un associé

S'il y a déconfiture, faillite personnelle, liquidation des biens ou règlement judiciaire atteignant l'un des associés et à moins que les autres ne décident de dissoudre la société par anticipation, il est procédé au remboursement des droits sociaux de l'intéressé, lequel perdra alors la qualité d'associé ; la valeur des droits sociaux est déterminée conformément à l'article 1843-4 du Code civil.

Article 14 : Cession entre vifs des parts

1.   Forme des cessions :

Toute cession de parts doit être constatée par écrit, soit par acte sous seing privé enregistré, soit par acte notarié.

2.   Opposabilité des cessions :

Les cessions de parts sociales seront opposables à la société: soit après leur inscription sur un registre tenu spécialement à cet effet par le gérant, soit après signification par acte d'huissier, soit après l'acceptation par la société dans un acte notarié. En outre, pour être opposables aux tiers, ces cessions devront faire l'objet d'un dépôt au greffe du tribunal compétent de deux originaux de l'acte sous-seing privé ou de deux copies authentiques de l'acte notarié. A défaut, le cédant sera réputé, vis-à-vis des tiers, avoir conservé sa qualité d'associé. Il restera tenu à leur égard de toutes les obligations attachées à cette qualité.

3.   Agrément des cessions :

Les cessions de parts sociales sont libres entre associés. Toutes les autres cessions sont soumises à agrément. A l'effet d'obtenir cet agrément, l'associé qui envisage de céder ses parts devra notifier le projet de cession à la société et à chacun de ses associés, indiquant le nombre de parts à céder, les nom, prénoms, nationalité, profession et domicile du cessionnaire proposé et le prix proposé. Cette notification sera faite soit sous forme de lettre recommandée avec avis de réception, soit sous forme d'acte extrajudiciaire, soit enfin par remise en main propre contre récépissé. Dans les quinze jours de la notification du projet de cession à la société, la gérance devra consulter les associés par écrit à l'effet d'obtenir cet agrément. Dans les quinze jours de l'envoi de cette lettre, chaque associé, à l'exception du cédant, devra faire connaître, sous forme de lettre recommandée avec avis de réception, ou remise au gérant contre récépissé, s'il accepte ou non cet agrément et, dans la négative, le nombre de parts qu'il se propose d'acquérir. A défaut d'une réponse dans les quinze jours, l'agrément est acquis tacitement. L'agrément sera obtenu par décision unanime des associés. La décision des associés ne sera pas motivée et la gérance la notifiera à l'associé cédant par lettre recommandée avec avis de réception, ou remise en main propre contre récépissé, dans le mois de la demande.

• Cession agréée : Si la cession de parts sociales est agréée, elle devra être régularisée avant l'expiration d'un délai de deux mois à compter de la notification de l'agrément. Passé ce délai et à défaut de régularisation, le cédant sera réputé avoir renoncé à la cession projetée.

• Refus d'agrément et offre d'achat : Lorsqu'ils refusent le cessionnaire proposé, les associés peuvent soit racheter les parts eux-mêmes, soit proposer une tierce personne ayant obtenu l'agrément, soit faire racheter les parts par la société. Si plusieurs associés se portent cessionnaires, les parts seront réparties entre eux proportionnellement au nombre de parts possédées par chacun d'eux, sauf accord contraire. Devront être notifiés à l'associé cédant le refus d'agrément, le nom du ou des cessionnaires proposés ou l'offre d'achat par la société ainsi que le prix offert. En cas de contestation sur le prix, il sera fixé d'un commun accord entre les parties ou, à défaut, par le tribunal compétent. Si le prix fixé par expert n'est pas accepté par l'associé cédant, ce dernier pourra conserver ses parts sociales.

• Refus d'agrément et défaut d'offre d'achat : Si aucune offre d'achat n'est faite dans le délai de six mois à compter de la dernière des notifications faites par le cédant l'agrément sera réputé acquis à moins que les autres associés ne décident la dissolution de la société, décision qui peut être rendue caduque par le cédant s'il renonce à sa cession de parts.

Article 15 : Décès d'un associé

Le décès d'un associé n'entraînera pas la dissolution de la société mais les héritiers ou les légataires auxquels seront dévolues les parts devront solliciter l'agrément des associés dans les conditions prévues à l'article 14 des statuts.

Article 16 : Donation de parts sociales

Les parts sociales sont librement transmissibles par donation entre ascendants et descendants. La donation à une personne autre qu'un ascendant ou un descendant reste soumise à l'agrément dans les conditions fixées par l'article 14 des statuts.

Article 17 : Époux communs en biens

L'époux commun en biens qui apporte à la Société un bien commun doit justifier de l'avis donné à son conjoint, un mois à l'avance, par lettre recommandée avec accusé de réception. Seul aura la qualité d'associé l'époux qui effectue l'apport. Toutefois, la qualité d'associé pour la moitié des parts souscrites est également reconnue au conjoint de l'apporteur si celui-ci signifie à la société sa volonté d'être personnellement associé. Si cette volonté est manifestée lors de l'apport, l'acceptation ou l'agrément de la société vaut pour les deux époux; dans les autres cas, il sera fait application de l'article 14 des présents statuts.

Article 18 : Retrait d'un associé

Tout associé peut se retirer totalement ou partiellement de la société avec l'accord unanime des associés, ou par décision du président du Tribunal de grande instance statuant en référé et autorisant le retrait pour justes motifs. L'associé qui se retire a droit au remboursement de la valeur de ses parts au jour du retrait. La valeur des parts est déterminée par accord entre les associés ou à défaut à dire d'expert en application des dispositions de l'article 1843-4 du Code civil.

Article 19 : Administration de la société

1. <u>Nomination du gérant et durée d'exercice des fonctions du gérant</u>. La société est gérée et administrée par une ou plusieurs personnes physiques ou morales, associées ou non, nommées avec ou sans limitation de durée par la collectivité des associés représentant plus de la moitié des parts sociales. Le premier gérant de la société, nommé pour une durée illimitée, Mme. Jeanne Dupont, est ici présent et déclare accepter ses fonctions. Un gérant peut démissionner à la clôture d'un exercice, à charge pour lui de notifier à chacun des associés et le cas échéant, aux autres gérants son intention au moins trois mois avant la clôture de l'exercice social. Cette démission ne prendra effet qu'au jour de cette clôture. Tout gérant pourra être révoqué suivant décision des associés représentant plus de la moitié des parts sociales. Si cette révocation a lieu sans juste motif, elle pourra donner lieu à des dommages-intérêts. Les gérants sont également révocables par les tribunaux pour cause légitime, à la demande de tout associé.

2. <u>Pouvoirs du gérant</u>. Dans les rapports entre associés, le gérant peut accomplir tous les actes de gestion que demande l'intérêt de la société. Dans les rapports avec les tiers, il engage la société par les actes entrant dans l'objet social. S'il y a plusieurs gérants, ils exercent séparément ces pouvoirs, sauf le droit qui appartient à chacun d'eux de s'opposer à une opération avant qu'elle ne soit conclue. Cependant à l'égard des tiers, l'opposition formée par un gérant aux actes d'un autre gérant est sans effet, à moins qu'il ne soit établi qu'ils en ont eu connaissance. Le gérant ou chacun d'eux pourra, sous sa propre responsabilité, conférer toute délégation de pouvoirs.

3. <u>Rémunération du gérant</u>. En rémunération de leurs fonctions, les gérants peuvent recevoir un salaire annuel dont le montant et les modalités sont fixés par les associés.

4. <u>Responsabilité du gérant</u>. Chaque gérant est responsable individuellement envers la société et envers les tiers, soit des infractions aux lois et règlements, soit de la violation des statuts, soit des fautes commises dans sa gestion. Si plusieurs gérants ont participé aux mêmes faits, leur responsabilité est solidaire à l'égard des tiers et des associés. Toutefois, dans leurs rapports entre eux, le Tribunal détermine la part contributive de chacun dans la réparation du dommage. Si une personne morale exerce les fonctions du gérant, ses dirigeants sont soumis aux mêmes conditions et obligations et encourent les mêmes responsabilités civiles et pénales que s'ils étaient gérants en leur nom propre, sans préjudice de la responsabilité solidaire de la personne morale qu'ils dirigent.

5. <u>Action sociale en responsabilité contre les gérants</u>. Outre l'action en réparation du préjudice subi personnellement, un ou plusieurs associés peuvent intenter l'action sociale en responsabilité contre

les gérants. Les demandeurs sont habilités à poursuivre la réparation du préjudice subi par la société ; en cas de condamnation du gérant des dommages-intérêts sont alloués à la société.

6.	Consultation écrite. En cas de consultation écrite, la gérance envoie à chaque associé, à son dernier domicile connu, par lettre recommandée avec avis de réception, le texte des résolutions proposées, accompagné du rapport de la gérance et des documents nécessaires à l'information des associés. Si les associés sont consultés par écrit, la gérance notifie en double exemplaire, à chaque associé, par lettre recommandée avec demande d'avis de réception, le texte du projet de chaque résolution ainsi que les documents nécessaires à l'information des associés. Chaque associé devra retourner un exemplaire daté et signé de chaque résolution en indiquant pour chacune d'elle " adoptée " ou " rejetée ". A défaut de ces mentions, ou en l'absence de réponse dans le délai prévu, l'associé est réputé s'être abstenu. Chaque associé dispose d'un délai maximal de quinze jours à compter de la date de réception des documents nécessaires à son information pour émettre son vote. En cas de consultation écrite, les procès-verbaux sont tenus de la même manière que lorsqu'il s'agit de décisions prises en assemblée ; toutefois, il y est mentionné que la consultation a été effectuée par écrit. La réponse de chaque associé est annexée à ce procès-verbal.

7.	Décisions ordinaires. Les décisions ordinaires sont essentiellement des décisions de gestion. Elles concernent d'une manière générale, toutes les questions qui n'emportent pas modification des statuts ainsi que la nomination des gérants ou leur révocation même si leur nom figure dans les statuts. Les comptes sociaux sont approuvés annuellement par décision ordinaire. Les décisions ordinaires doivent être adoptées par un ou plusieurs associés représentant plus de la moitié du capital social.

8.	Décisions extraordinaires. Les décisions extraordinaires concernent la modification des statuts. Les décisions extraordinaires ne pourront être valablement prises que si elles sont adoptées par un ou plusieurs associés représentant les deux tiers au moins du capital social.

Article 20 : Droit de communication

Les associés ont le droit d'obtenir, au moins une fois l'an, communication des livres et documents sociaux. Également une fois l'an, chaque associé peut poser toutes questions écrites concernant la gestion de la société, au gérant de celle-ci qui devra répondre dans le délai d'un mois.

Article 21 : Exercice social

Chaque exercice social commencera le 1er janvier et finira le 31 décembre de chaque année. Exceptionnellement, le premier exercice social commencera à compter de l'immatriculation de cette société au registre du commerce et des sociétés compétent et finira le 31 décembre de l'année d'immatriculation.

Article 22 : Comptes sociaux

La gérance doit tenir une comptabilité claire et précise. À la clôture de chaque exercice social, elle dressera un bilan financier de l'année écoulée qu'elle soumettra à l'approbation de l'assemblée générale. La collectivité des associés sera appelée à statuer sur ces comptes et sur l'affectation du résultat. Si une part est grevée d'un usufruit, l'usufruitier sera appelé à statuer sur ces comptes et sur l'affectation du résultat.

1.   Bénéfices : Les bénéfices nets sont constitués par les produits nets de l'exercice, déduction faite des frais généraux, des charges sociales, ainsi que de tous amortissements et de toutes provisions. Le bénéfice distribuable est constitué par le bénéfice net de l'exercice diminué des pertes antérieures et augmenté des reports bénéficiaires. Toutefois, avant toute distribution de ce bénéfice sous forme de dividendes proportionnellement au nombre de parts possédées par chacun d'eux, les associés peuvent décider de prélever toutes sommes qu'ils jugeront convenables pour les porter en tout ou partie à tous fonds de réserves ou encore pour les reporter à nouveau.

En outre, les associés peuvent décider la mise en distribution de sommes prélevées sur les réserves disponibles: en ce cas, la décision indique expressément les postes de réserve sur lesquels les prélèvements sont effectués. Les modalités de mise en paiement des sommes distribuées sont fixées par les associés ou, à défaut, par la gérance. Si une part est grevée d'un usufruit, la somme distribuée le sera à l'usufruitier.

2.   Pertes : Les pertes, s'il en existe, s'imputent d'abord sur les bénéfices non encore répartis, ensuite sur les réserves, puis sur le capital; le solde, s'il y a lieu, est supporté par les associés proportionnellement à leurs parts sociales.

Article 23 : Compte courant

Chaque associé pourra faire des avances en compte courant à la société avec le consentement de la gérance. Cette avance sera faite pour une durée et moyennant un intérêt fixé par la gérance. Toutefois, si l'avance en compte courant est faite par le gérant unique, l'accord, concernant l'ouverture de ce compte, la durée et l'intérêt, sera obtenu auprès de la collectivité des associés statuant en décision ordinaire. Les avances en compte courant pourront également être faites pour une durée indéterminée. Dans cette hypothèse, le délai de préavis de demande de remboursement de tout ou partie du compte courant est fixé à une année sauf décision contraire de la collectivité des associés statuant en décision ordinaire.

Article 24 : Dissolution

La dissolution de la société entraîne sa liquidation sauf les cas de fusion ou de scission. Elle n'a d'effet à l'égard des tiers qu'après sa publication. La personnalité morale de la société subsiste pour les besoins de la liquidation jusqu'à la publication de la clôture de celle-ci. Toutefois, la mention " Société en liquidation " ainsi que le nom du ou des liquidateurs doivent figurer sur tous actes et documents émanant de la société et destinés aux tiers. La liquidation est faite par un ou plusieurs liquidateurs pris parmi les associés, ou en dehors d'eux, et nommés par décision ordinaire des associés, ou, à défaut, par ordonnance du président du Tribunal de grande instance statuant sur requête de tout intéressé. Le liquidateur, ou chacun d'eux s'ils sont plusieurs, représente la société. Il a les pouvoirs les plus étendus pour réaliser l'actif et acquitter le passif. Le produit net de la liquidation, après l'extinction du passif et des charges sociales et le remboursement aux associés du montant nominal non amorti de leurs parts sociales, est partagé entre les associés proportionnellement au nombre de leurs parts.

Article 25 : Personnalité morale

Cette société ne jouira de la personnalité morale qu'à compter de son immatriculation au Registre du commerce et des sociétés. Jusqu'à cette date, les rapports entre associés seront régis par ce contrat de société et par les principes généraux du droit applicables aux contrats et obligations. Toutes les dispositions de ce contrat seront applicables immédiatement dans les rapports entre associés. Toutefois, tout acte ayant pour objet ou pour effet de modifier le contenu de ces statuts devra être soumis à l'accord unanime des associés tant que la société n'est pas immatriculée.

Article 26 : Contestations

Toute contestation qui pourrait s'élever pendant la durée de la société ou lors de la liquidation entre associés, relativement aux affaires sociales, sera soumise au Tribunal de grande instance territorialement compétent.

Article 27 : Pouvoirs

Les associés donnent tous pouvoirs au gérant à l'effet d'accomplir tous les actes de gestion entrant dans l'objet social. L'immatriculation de la société entraînera reprise de ces actes qui seront, alors, censés avoir été souscrits dès l'origine par elle. La gérance a tous pouvoirs à l'effet de procéder ou de faire procéder à l'immatriculation de la société.

Fait en cinq exemplaires,

À « votre ville »   , le   « date »

Jeanne Dupont   Jean Dupont

4. Analysez bien les immeubles qu'on vous présente

Vous seul pouvez le faire

Ça y est, votre chasseur immobilier vous propose les premiers biens qu'il a repérés. C'est maintenant à vous de les analyser pour voir s'ils correspondent à votre stratégie. En d'autres termes, s'ils sont suffisamment rentables.

Personne ne fera cette analyse pour vous. En particulier votre chasseur immobilier ne la fera pas, ou alors de façon sommaire. Tout simplement car il ne connaît pas vos objectifs de façon aussi précise que vous.

Or on ne peut pas se permettre de faire une telle analyse sommairement, car c'est elle qui vous dira si le bien vous coûtera de l'argent chaque mois, ou vous en fera gagner.

Mais ce n'est pas simple

Le problème est qu'une telle analyse est très complexe. N'écoutez pas ceux qui vous disent « votre crédit fera 500 €, les loyers sont de 700 € donc vous empochez 200 € » : ils oublient à peu près tout.

C'est pourquoi il est important de bien lister toutes les charges dans un tableur Excel, qui calculera automatiquement ce qu'il vous reste à la fin du mois. C'est ce qu'on lit dans tous les articles consacrés à l'achat immobilier. La différence, c'est que je vous fournis le tableau en question : vous n'avez qu'à remplir le sixième onglet du fichier Excel qui accompagne ce livre.

En fait lorsque vous souhaitez examiner un nouveau bien, il vous suffit de faire un copier-coller de l'onglet « immeuble XXX » et de le renommer, par exemple en « immeuble Orléans 1 ». Vous aurez donc un fichier Excel avec plusieurs onglets (un par bien), ce qui vous permettra de comparer en un coup d'œil les rentabilités.

Là encore, les cases à remplir sont en vert ; les paramètres sont en bleu, vous avez toute liberté pour les changer. Toutes les autres cases sont calculées automatiquement : ne les modifiez pas. Enfin, quelques trucs et astuces figurent en commentaires : il s'agit des triangles rouges en haut à droite de certaines cases. Pointez votre souris dessus pour les afficher.

Il n'y a pas que les chiffres dans la vie

Ce tableur Excel vous donnera tous les chiffres qui déterminent la rentabilité de votre bien. Tous les chiffres, mais rien que les chiffres. Autrement dit il ne traite pas des aspects qualitatifs, qui vont conditionner l'évolution des chiffres :

- la qualité du bâtiment, qui déterminera les coûts d'entretien futurs

- la qualité de l'emplacement, de la ville, qui déterminera les loyers et le taux de vacance futurs.

Internet

Pour ces aspects non chiffrables je vous ai déjà présenté dans la partie précédente les outils à mettre en œuvre : Meilleursagents, Insee, Google Street view, le site de la SNCF notamment.

Check-list

Vous pouvez également utiliser une check-list qui rassemble divers critères physiques et financiers à prendre en compte pour votre achat. De telles check-lists se trouvent très facilement sur internet (tapez « checklist visite immobilier »). Comme je ne souhaite pas dupliquer ce qu'on trouve gratuitement par ailleurs, vous n'en trouverez pas ici. Mais je vais vous indiquer quelque chose de plus important : la façon de l'utiliser. Elle tient en trois points.

- Tout d'abord, il s'agit d'agir avec méthode : une telle checklist sera toujours bien moins efficace que le travail fait par un chasseur immobilier sérieux ; le recrutement de votre allié a donc bien plus d'importance.

- En fait toutes ces checklists contiennent beaucoup de points techniques que vous ne saurez pas vérifier (ni moi non plus d'ailleurs) : la chaudière est-elle en bon état ? Quelles sont les servitudes ? Votre but n'est donc pas de l'utiliser pour vérifier vous-même tous ces points, mais plutôt pour voir si votre chasseur les a vérifiés et peut vous apporter une réponse.

- Enfin, voici quelques points clés auxquels je fais particulièrement attention : les travaux déjà réalisés et ceux à faire dans un futur proche ; l'impression générale sur les locataires en place s'il y en a ; les traces éventuelles d'humidité ; les raisons de la vente par le propriétaire.

Photos

Prendre des photos lors des visites est également très important. Mais là encore c'est un aspect qui doit être géré par votre chasseur.

Et votre arme secrète

Une dernière chose : si vous avez des doutes sur la possibilité de louer le bien, n'hésitez pas à passer pendant quelques jours une petite annonce sur internet pour compter le nombre d'appels que vous recevrez. Certains trouveront toutefois que ce n'est pas très correct vis-à-vis des gens qui téléphoneront pour louer, et à qui vous répondrez que le bien vient d'être loué.

Je voudrais relativiser ce point : vous « empruntez » moins de 5 minutes du temps de vos interlocuteurs pour qu'ils vous aident sur un projet très important pour vous, il n'y a donc rien de dramatique. Beaucoup de gens seraient d'ailleurs prêts à vous consacrer ce temps si vous le leur demandiez poliment.

5. Préparez le meilleur dossier bancaire que votre banquier ait vu

Il n'est pas difficile d'impressionner son banquier : celui-ci reçoit tellement de projets mal ficelés !

Plutôt que de vous dire ce qu'il faut écrire, je vais vous montrer directement un exemple de dossier, basé sur les mêmes chiffres que ceux du tableur Excel.

J'ai pris l'exemple d'un couple présentant un très bon profil (deux CDI, propriétaires). Mais si vous n'êtes pas dans ce cas rien n'est perdu. La partie VII vous dit justement comment réorganiser votre patrimoine pour améliorer votre profil.

Dossier investissement locatif
M. Dupont

N'oubliez pas de le convertir en PDF avant de l'envoyer afin d'éviter les problèmes de format de document

<u>Coordonnées du demandeur</u> : Jeanne Dupont
1 rue de la Grand-Place, 99 000 Vladivostock
06 01 02 03 04
jeanne.dupont@gmail.com

<u>Objet de la demande</u> : financement de 233 300 € sur 25 ans pour un investissement dans un immeuble de rapport.

<u>Résumé du projet</u> : Il s'agit d'un investissement locatif à Trifouilly-les-Oies (20 km de Pétaouchnock) dans un immeuble de rapport composé de 4 lots, pour 212 000 € FAI. La rentabilité brute actuelle est de 11 %, ce qui permet un autofinancement du bien, même en ne prenant en compte que 70 % des loyers. Tous les appartements sont loués. Le crédit demandé est à 100 % sur 25 ans.

1. Une SCI pour investir dans l'immobilier de rapport

1.1. La SCI Dupont

La SCI Dupont a pour objectif de constituer un patrimoine immobilier et de générer des revenus locatifs. La SCI a choisi de privilégier l'immobilier de rapport, qui permet de générer des revenus immédiats afin de sécuriser le remboursement. La SCI est à l'impôt sur les sociétés (IS).

1.2. Les associés

M. Jean Dupont est technicien chez World Company (en CDI). Âgé de 37 ans, il touche un salaire de 3000 € net/mois. Mme. Jeanne Dupont, son épouse, travaille à temps partiel comme infirmière (en CDI également). Âgée de 33 ans, elle touche un salaire de 1500 € nets.

Ils sont propriétaires de leur résidence principale, à Vladivostock. Chacun d'entre eux possède 50 % des parts de la SCI Dupont, dont Mme. Dupont est gérante.

		Jean DUPONT	Jeanne DUPONT
État Civil	Date de Naissance	30/02/1977	31/02/1981
	Lieu de naissance	Vladivostock	Vladivostock
	Nationalité	Française	Française
	Régime matrimonial	Marié	Mariée
	Régime successoral	Fils unique	Succession déjà perçue
	Enfants	0	0

Situation professionnelle	Employeur, fonction	World Company	Hôpital de Vladivostock
	Contrat	CDI	CDI à temps partiel
	Date d'embauche	01/09/2003	01/10/2008
	Salaire net mensuel	3 000 €	1500 €
	Revenu fiscal de référence 2014	36 000 €	18 000 €

Situation patrimoniale	Statut résidence principale	Propriétaires (valeur de l'appartement : 100 000 €)	
	Autres biens immobiliers	Néant	Néant
	Trésorerie	18 000 €	
	Épargne mensuelle	400 €	
	Parts dans la SCI Dupont	50%	50%

1.3. Les partenaires de la SCI

La SCI Dupont travaille avec :
M. Jean Trouveplein, chasseur immobilier dans la région de Pétaouchnok ;
Me. Laplume, notaire à Vladivostok ;
M. Alex Pert, expert-comptable à Vladivostok, cabinet Lesbonscomptes.

2. Le bien immobilier

2.1. Emplacement et caractéristiques

Adresse du bien : 10 Grande rue, 98 300 Trifouilly-les-Oies.

Trifouilly-les-Oies est situé à proximité de Pétaouchnok (20 km) et est desservi par le TER. L'immeuble se situe à proximité immédiate du centre-ville et de la gare.

Il s'agit d'un immeuble de rapport de 180 m² et 4 lots, composé d'un studio, de 2 T2 et d'un T3.

2.2. La ville de Trifouilly-les-Oies

Trifouilly-les-Oies compte 6200 habitants. Le taux de croissance annuel de la population entre les années 1999 et 2010 est de + 0,5 %, ce qui est supérieur à la croissance de l'aire urbaine de Pétaouchnock (+ 0,3 %).

POP T1M - Population

	1968	1975	1982	1990	1999	2010
Population	5 463	6 025	6 319	6 017	5 908	6 235

POP T2M - Indicateurs démographiques

	1968 à 1975	1975 à 1982	1982 à 1990	1990 à 1999	1999 à 2010
Variation annuelle moyenne de la population en %	+1.4	+0.7	-0.6	-0.2	+0.5
due au solde naturel en %	+0.9	+0.8	+0.7	+0.3	+0.4
due au solde apparent des entrées sorties en %	+0.5	-0.1	-1.3	-0.5	+0.1

2.3. Un immeuble entièrement loué

L'immeuble est entièrement loué, sans retard de paiements. Les locataires sont stables : jusqu'à 8 ans d'ancienneté.

2.4. Une demande locative bien présente

Les loyers actuels pratiqués vont de 370 € charges comprises (studio) à 675 € (T3), soit 11 € par m².

Une comparaison avec d'autres annonces sur Se Loger donne des prix supérieur (13 €/m²).

Les loyers pratiqués sont donc légèrement en-dessous du prix de marché, ce qui est le gage d'une facilité à relouer en cas de départ d'un locataire.

Enfin, la taille des appartements est cohérente avec le marché de Trifouilly-les-Oies, plutôt résidentiel (la demande pour des studios est assez limitée).

2.5. Une absence quasi-totale de travaux à réaliser

Les seuls travaux à réaliser à court terme consistent :
- à repeindre les murs du couloir d'entrée : un devis à 2200 € TTC.
- en petits travaux de mise en conformité : environ 800 € TTC.

A long terme, aucun gros entretien n'est à prévoir : le gros œuvre est sain.

En outre, la SCI Dupont acquérant la totalité de l'immeuble, elle décidera elle-même des travaux à réaliser ou non et maîtrisera donc ces dépenses.

2.6. Un objectif de conservation du bien

La stratégie de la SCI est de conserver le bien, compte-tenu de sa forte rentabilité. Toutefois, l'option de la revente reste ouverte car l'immeuble se valorisera au cours du temps, compte-tenu de son emplacement.

2.7. Mais un potentiel de revente confirme

2.7.1. L'emplacement

L'immeuble est situé au centre-ville de Trifouilly-les-Oies, à 500 mètres à pied de la mairie et 700 mètres de la gare (15 trains par jour pour Pétaouchnock).

L'ensemble du quartier est calme, résidentiel et sûr. La Grande rue est toutefois très commerçante.

2.7.2. Le prix

Le prix d'achat au m² est de 1178 €. La moyenne au m² à Trifouilly-les-Oies est de 1600 € (source : Meilleursagents) et des T2 sont en vente sur Se Loger à 1900 €/m². La valeur du bien est donc estimée à au moins 280 000 €.

Il existe donc une forte plus-value latente en cas de revente, que ce soit en bloc ou par appartement. **La marge hypothécaire sur ce bien est de plus de 70 000 €, soit 30%.**

Cet achat en-dessous du prix du marché a été possible car le vendeur était pressé de vendre du fait d'un déménagement.

3. Données financières

3.1. Une forte rentabilité

	Revenus (hors charges)		Mensualités (sur 25 ans, taux 3,5% + ADI 0,20%)	
Prise en compte de	Par an	Par mois	Par an	Par mois
100% des loyers	23400	1950		
80% des loyers	18720	1560	14400	1200
70% des loyers	16380	1365		

Acquisition	
Prix d'achat, frais d'agence inclus	212 000
Travaux	3 000
Frais de notaire	15 300
Garantie	2 000
Frais de dossier	1 000
Total (= financement demandé)	233 300

La rentabilité brute est de 11 % (23 400 / 215 000).

Sur la base d'une analyse détaillée des charges, le cash-flow mensuel est positif de 200 €/mois environ : les associés n'auront aucun effort d'épargne à fournir sur ce projet, ce qui sécurise le remboursement.

Même en ne considérant que 70% des loyers, le bien s'autofinance largement, ce qui maximise la sécurité de l'investissement.

3.2. Un taux d'endettement maîtrisé

3.2.1. Endettement classique

Revenus nets		Charges	
Salaire M. et Mme. Dupont	4500	Crédit résidence principale	700
Loyers SCI, hc	70%*1950 = 1365	Mensualités crédit SCI	1200
Total	5865	Total	1900
Taux d'endettement		32%	

3.2.2. Endettement investisseur (différentiel)

Revenus nets		Charges	
Salaire M. et Mme. Dupont	4500	Crédit résidence principale	700
Revenus immobiliers nets de charges	70%*1950-1200 = 165		
Total	4665	Total	700
Taux d'endettement		15%	

3.2.3. Les restes à vivre

Le reste à vivre de M. et Mme. Dupont est de 3800 €, il augmente légèrement grâce à l'investissement (cash-flow positif de 200 €/mois).

3.2.4. Le patrimoine des associés

Actif	Valeur actuelle	Prix d'acquisition	Année d'acquisition	Capital restant dû
Maison M. et Mme. Dupont	200 000 €	120 000 €	2005	70 000 €
Épargne M. et Mme. Dupont*	29 000 €			
Actif total	218 000 €		Passif total	70 000 €
Actif net	148 000 €			

L'épargne des associés couvre donc les frais annexe (notaire, garantie). Toutefois, comme exposé ci-dessous, les associés préfèrent si possible conserver cette épargne et financer les frais annexes par emprunt.

4. Le financement demandé

La SCI Dupont sollicite un crédit dont voici les caractéristiques :

- **Montant : 233 000 €.** Il s'agit d'un financement à « 110% » car il s'agit d'un investissement locatif, pour lequel il est optimal d'utiliser l'effet de levier. En outre, conserver de la trésorerie permet de supporter d'éventuels impayés.[18]
- **Durée : 25 ans.** Cette durée longue est choisie afin de maximiser le flux de trésorerie et de sécuriser le remboursement.[19]
- **Taux variable capé +/-1[20].**
- **Assurance** : ADI seulement.
- **Contreparties** : domiciliation des revenus (salaires, revenus locatifs) et de l'épargne.

5. Liste des pièces jointes

1. Concernant M. et Mme. Dupont
- Cartes d'identité et RIB

---

18. *Même si vous n'arrivez pas à vous faire financer à 110%, vous pouvez toujours tenter. Si vos courtiers vous disent que ce n'est pas la peine d'essayer repartez sur un financement à 100%.*

19. *Même remarque : tentez 25 ans pour obtenir 20 ans.*

20. *La question taux fixe / taux variable revient de façon récurrente. Pour un investissement locatif la solution est simple : prenez du taux variable tant que, même dans l'hypothèse la plus défavorable, votre bien s'autofinance toujours. Si cela vous fait peur, un taux fixe est bien aussi. La seule règle à respecter : si vous prenez un taux variable, prenez-le capé (+/-1, +/-2, au choix, mais toujours capé).*

- Relevés de comptes courants pour les trois derniers mois
- Bulletins de salaire correspondants, ainsi que décembre 2014
- Avis d'imposition 2014 et 2015
- Justificatif de domicile (facture d'eau)
- Tableau d'amortissement du crédit de la résidence principale
- Justificatifs d'épargne personnelle (relevés de comptes d'épargne)

2. Concernant le projet
- Présentation du projet
- Statuts de la SCI Dupont
- Extrait Kbis
- RIB de la SCI
- Relevés de compte de la SCI

J'espère que ce dossier vous fera gagner de nombreuses heures de travail. Voici également un petit ajout, pour ceux qui souhaiteraient justifier de rester locataires de leur résidence principale, tout en commençant à investir :

Comment expliquer qu'on reste locataire de sa RP par choix

Il vous suffit d'introduire dans votre dossier un paragraphe de ce type :

M. Durand reste locataire de sa résidence principale à Paris pour trois raisons :
- rester locataire facilite de futurs déménagements, probables pour des raisons professionnelles et personnelles (éviter les frais de notaire, d'agence et la revente au mauvais moment) ;
- la faible rentabilité de l'immobilier à Paris intra-muros (3 à 4 %) [cet argument reste valable dans n'importe quelle grande ville chère] *rend un tel achat peu cohérent avec la stratégie patrimoniale (rentabilités autour de 10%) ;*
- un achat à Paris impacterait négativement le taux d'endettement.

Il vous restera ensuite à analyser les offres des différentes banques que votre courtier vous transmettra. Pour être sûr de n'oublier aucun critère, vous pouvez utiliser l'onglet « comparaison offres prêt » du tableur Excel, disponible gratuitement sur simple demande à contact@mon1erachatimmobilier.com.

6. Et tout le reste

Quelques étapes sans difficulté

Il nous reste maintenant à parler de toutes les autres choses à faire pour votre achat : les visites, la négociation, les formalités bancaires et administratives, la signature chez le notaire, la recherche des locataires et la gestion locative notamment.

J'ai une bonne nouvelle à vous annoncer pour chacune de ces étapes.

Nous avons vu que pour les visites et la négociation, vous êtes entièrement pris en main par votre chasseur immobilier : n'oubliez pas qu'il travaille pour vous, il a donc intérêt à ce que tout se passe au mieux.

Les formalités bancaires et administratives, ainsi que la signature chez le notaire, sont des étapes qui peuvent impressionner. Toutefois elles n'ont vraiment rien de compliqué. En outre, si vous avez appliqué mes conseils, vous avez réalisé tout cela une première fois quand vous avez acheté une place de parking. Ces étapes n'ont donc plus de secret pour vous.

Quant à la recherche des locataires, elle est on ne peut plus simple : si vous avez suivi les conseils de la partie précédente et acheté un bien déjà loué, vous n'avez rien à faire.

Et la gestion locative

Il reste la gestion locative.

Cette étape rebute souvent les investisseurs débutants (ah les fameuses toilettes bouchées). Elle n'a pourtant rien de terrible. Et n'oubliez pas que vous pouvez décider de faire gérer votre bien par une agence, à tout moment. Il vous en coûtera 5% des loyers mais vous avez une certaine tranquillité.

Les agences et le choix des locataires :

En revanche pour le choix des locataires n'accordez pas une confiance immodérée à votre agence : n'oubliez pas que si le locataire part dans peu de temps, ça ne la dérangera pas, au contraire. Je ne cherche pas ici à dire que les agences font mal leur travail, mais que certaines peuvent être un peu plus légères sur l'aspect sélection des locataires.

L'investissement que je vous conseille (l'immeuble de rapport déjà loué) simplifie la gestion locative :

-   d'une part tous vos locataires sont au même endroit,

-   d'autre part vous achetez un bien déjà entièrement loué. Or, quand un locataire est là depuis un certain temps, il vous évite en principe un certain nombre de problèmes : il sait comment ne pas boucher les toilettes si celles-ci sont un peu fragiles, il ne risque pas d'abîmer les murs en emménageant...

Une dernière chose : quand on débute dans l'investissement locatif il peut être utile de s'appuyer sur un bon logiciel, qui calculera automatiquement les charges, les indexations, qui vous fournira des modèles de lettres… A titre personnel j'utilise Rentila, mais j'imagine que d'autres doivent convenir également (loin de moi toute idée de faire de la publicité).

Bilan

Maintenant que vous avez absorbée cette – grosse – partie, vous pouvez vous demander : les informations que j'y ai trouvées valaient-elles le prix ?

J'espère que le dossier immobilier à lui seul vous convaincra que c'était bien le cas.

Dans tous les cas je vous propose de passer maintenant aux stratégies avancées. Il ne s'agit plus de petits « trucs pratiques », mais au contraire de replacer votre achat dans une perspective globale et d'éliminer les points bloquants, notamment concernant le financement : vous y trouverez notamment :

- comment augmenter radicalement votre capacité d'emprunt

- comment trouver de la trésorerie si celle-ci vous fait défaut

- comment toucher des revenus avant que l'emprunt ne soit remboursé.

Partie VII. Stratégies avancées

1. Augmentez votre capacité d'emprunt

On dit parfois que l'investissement immobilier (qu'il s'agisse de l'achat de sa résidence principale ou d'un investissement locatif) est réservé, sinon aux riches, du moins aux classes moyennes. Ce n'est pas exact : il existe plusieurs moyens d'augmenter très fortement votre capacité d'emprunt. Nous allons voir trois grandes méthodes pour cela.

Alliez-vous avec vos parents

Certains ont la chance d'avoir des parents propriétaires

Beaucoup de primo-accédants ont encore leurs parents. Parmi ceux-ci, beaucoup sont propriétaires. Et parmi eux, beaucoup ont eu le temps de rembourser leur crédit. Ainsi, les parents n'ont plus de charge chaque mois, ils ont donc de nouveau une capacité d'emprunt. Il serait vraiment dommage de ne pas utiliser celle-ci.

C'est pourtant la situation dans laquelle se retrouvent de nombreuses familles : des enfants qui sont limités dans leur achat par leur capacité d'emprunt et des parents qui n'utilisent pas la leur.

De nombreux conseils pas toujours adaptés

On trouve sur internet de nombreux conseils sur la façon dont des parents peuvent aider leurs enfants, que ce soit en leur donnant de l'argent ou un bien immobilier. Mais ces solutions ne sont pas forcément pertinentes :

- tout le monde n'a pas d'argent à donner à ses enfants

- tout le monde n'a pas une résidence secondaire ou un investissement locatif à donner à ses enfants.

- ces solutions constituent des donations ; elles demandent le recours à un conseiller spécialisé (en général votre notaire) pour régler les aspects juridiques et fiscaux. C'est d'ailleurs pour cela que l'on trouve autant de publicité pour ces solutions sur internet.

Il existe une solution beaucoup plus simple : vous grouper avec vos parents pour emprunter. Ceci peut se faire dans deux objectifs :

- soit vos parents vous aident à acheter votre résidence principale. Dans ce cas, vous pourrez acheter plus grand, mais cela constituera une dépense pour vos parents.

- soit vos parents vous aident à faire un investissement locatif qui s'autofinance, comme nous avons appris à le faire dans les pages précédentes. Le bien ne coûtant rien chaque mois, vos parents n'en sont pas de leur poche.

Par exemple

Prenons l'exemple de M. Groupons. Il gagne 2500 € par mois et paie un loyer de 700 €. Ses parents gagnent 3000 € par mois et sont propriétaires de leur résidence principale. Ils sont prêts à aider leur fils, mais sans aller jusqu'à lui donner de l'argent chaque mois. Ils peuvent donc l'aider à emprunter, mais seulement pour un investissement locatif qui s'autofinance.

Regardons les capacités d'emprunt dans les deux cas. Comme vous allez le voir, la différence est radicale.

M. Groupons seul	
Salaire 2500 €	Loyer 700 €
Total revenus 2500 €	**Total charges 700 €**
Endettement maximum	33%
Charges mensuelles maximales possibles	33% x 2500 = 825 €
Mensualité maximale possible	825 - 700 = 125 €
Capacité d'emprunt correspondante	Quasiment rien
M. Groupons est bloqué.	

M. Groupons et ses parents	
Salaire 2500 €	Loyer 700 €
Salaire parents 3000 €	
Total revenus 5500 €	**Total charges 700 €**
Endettement maximum	33%
Charges mensuelles maximales possibles	33% x 5500 = 1815 €
Mensualité maximale possible	1815 - 700 = 1115 €
Capacité d'emprunt correspondante	Environ 200 000 €
M. Groupons est peut faire un investissement locatif important.	

Et encore, pour simplifier, je n'ai pas compté, dans le second cas, les revenus locatifs que générerait un immeuble de rapport à 200 000 € : au moins 1200 € net par mois. Ce qui permettrait d'emprunter encore davantage.

Pour un calcul plus détaillé de votre capacité d'emprunt, prenant en compte vos revenus locatifs futurs, vous pouvez utiliser le tableur Excel présenté dans les pages précédentes.

Et concrètement ?

En pratique, une SCI familiale à l'impôt sur les sociétés est une excellente option. Nous avons vu les grandes lignes de ce type de montage en partie VI. Pour davantage de détails, votre notaire et votre comptable sont là pour vous conseiller.

Le problème de l'âge

Le principal problème qui peut se poser est celui de l'âge de vos parents. En effet, nous avons vu que pour qu'un investissement s'autofinance, il faut emprunter sur au moins 20 ans. Les banques ne prêtant que jusqu'à 90 ans fin de prêt (beaucoup s'arrêtent à 75 ans, mais un bon courtier saura vous trouver celles qui vont jusqu'à 90), vos parents ne doivent pas avoir plus de 69 ans lors du prêt.

Si vous êtes confronté à ce problème, vous pouvez faire appel à des courtiers spécialisés, qui pourront trouver des solutions en s'appuyant non pas sur les futurs revenus de vos parents, mais sur la valeur de la maison dont ils sont propriétaires. Chaque cas étant spécifique, je n'en dirai pas plus ici. Soyez toutefois prudent, il s'agit de techniques de financement plus complexes et plus chères.

Réduisez vos charges

Réduisez vos charges

Nous avons vu dans l'exemple ci-dessus que les charges de M. Groupons sont le principal obstacle à son investissement. Nous allons voir dans le paragraphe suivant un moyen radical de réduire vos charges. Mais voici dès à présent quelques conseils de base. Comme il s'agit d'une information que vous trouverez facilement sur internet, je serai très bref.

- Soldez tous vos crédits à la consommation, quels qu'ils soient. Non seulement ils constituent des charges qui vous empêchent d'investir, mais en plus ils diminuent la confiance que votre banquier a en vous, et enfin et surtout ils vous appauvrissent.

- Réduisez votre train de vie. Certes ce n'est pas facile pour beaucoup d'entre nous, mais la seule façon de ne pas s'appauvrir est d'avoir des dépenses mensuelles inférieures à ses revenus. Un gros poste de dépenses est la voiture : les urbains sans enfants pourront facilement s'en passer.

- Épargnez. C'est plus facile à dire qu'à faire, mais cela inspirera confiance au banquier.

Voici d'ailleurs une petite astuce au sujet de l'épargne. Si vous voulez montrer à un banquier (sauf le vôtre) que vous épargnez beaucoup, il vous suffit d'ailleurs de faire un gros retrait en liquide tous les quatre mois, puis de vivre dessus en épargnant davantage.

Prenons un exemple : vous épargnez 300 € par mois, vous souhaitez montrer que vous épargnez 700 €. Il vous suffit de retirer 1200 € de votre compte-épargne en janvier et de vivre dessus en février, mars et avril. Le 1er février, le 1er mars et le 1er avril vous virez 700 € sur votre compte-épargne. En avril, vous allez voir un courtier ou un banquier pour votre achat. Il vous demandera les relevés de compte de février, mars et avril et verra des virements de 700 €, cohérents avec la capacité d'épargne que vous annoncez.

Cette astuce n'est ni très fair-play ni très intelligente, mais les banques en face ne le sont pas non plus : elles éplucheront vos relevés de compte à la recherche du moindre prétexte pour ne pas vous accorder de crédit. Alors libre à vous d'avoir recours à cette astuce, ou pas. Sachez dans tous les cas que vous ne craignez rien, cela ne constitue pas une fausse déclaration.

Conclusion

Le thème de l'épargne étant plus général que le seul sujet d'un achat immobilier, je vous renvoie à la bibliographie en fin d'ouvrage, très instructive sur le sujet.

N'oublions toutefois que le but n'est pas de vivre comme un moine pour pouvoir acheter un bien immobilier, surtout s'il s'agit d'un investissement : celui-ci doit vous permettre de vivre mieux et non moins bien. Pour une résidence principale, la problématique est différente : le plaisir d'être propriétaire doit compenser les sacrifices de l'épargne.

2. Continuez à investir

Réinvestissez vos bénéfices

Nous avons vu dans en partie VI qu'une SCI à l'IS vous permet de ne payer quasiment aucun impôt sur les bénéfices. C'est pourquoi il est judicieux de ne pas chercher à vous verser de dividende et de continuer à réinvestir la trésorerie de la SCI.

Ce point est d'ailleurs valable même si vous n'avez pas créé de SCI, c'est-à-dire même si vous avez décidé d'investir en nom propre.

Ainsi, en préservant votre trésorerie, vous pourrez reconstituer votre apport : si vous n'aviez pas pu vous faire financer à 110% pour un investissement, vous pourrez reconstituer les frais de notaire et continuer à investir.

C'est comme cela que certaines personnes, à force de répéter l'investissement, se sont constituées des patrimoines très considérables. Une fois les emprunts remboursés (à la retraite, ou même bien avant pour certains) cela procure des revenus eux-mêmes très considérables.

Restez toujours totalement transparent

Un conseil toutefois : si vous essayez de réaliser plusieurs investissements, certaines banques pourront vous faire des difficultés en voyant le montant de vos crédits. Certaines personnes ont des astuces pour cacher ces crédits et continuer à investir, par exemple en utilisant plusieurs banques en parallèle.

On flirte là avec la fausse déclaration : je ne cautionne absolument pas ces méthodes, qui peuvent d'ailleurs vous mettre en danger. Je vous conseille d'être toujours totalement transparent avec l'ensemble de vos partenaires sur ce point.

Trouvez de la trésorerie

La trésorerie constitue souvent le point bloquant

Au bout de quelques investissements, il vous sera difficile de vous faire financer à 100% ou 110% : les banques vous demanderont un apport afin de limiter leur risque. Le problème c'est qu'à ce stade, vous ne serez pas encore propriétaire de 10 immeubles vous rapportant chacun 500 € par mois. Reconstituer votre apport selon le principe mentionné ci-dessus (conserver la différence entre les loyers et la mensualité) prendra donc beaucoup de temps.

Voici une méthode qui, dans certains cas, pourra vous permettre de trouver de la trésorerie pour continuer à investir. Si vos parents sont propriétaires de leur résidence principale et n'ont plus de crédit sur le dos, ils peuvent créer une SCI qui leur rachètera la maison. La SCI empruntera en son nom et vous paierez les mensualités de la SCI d'une façon ou d'une autre (loyers, comptes courants d'associés : le sujet est complexe et n'est pas le point le plus important). C'est ce qu'on appelle une vente à soi-même, ou *owner buy-out (OBO)*. Vous trouverez sur internet tous les détails sur le sujet.

Ce point n'est susceptible de concerner qu'un petit nombre de lecteurs : ceux qui souhaitent investir plusieurs fois, qui ont des parents suffisamment aisés pour être propriétaires sans crédit, mais pas suffisamment aisés pour disposer de beaucoup de liquidités. Je ne le détaillerai pas davantage. Dans tous les cas, travaillez ce projet en détail avec votre expert-comptable et votre notaire, afin d'éviter certains risques juridiques et fiscaux (l'abus de droit).

Voici une seconde méthode pour trouver de la trésorerie : si vous avez investi dans un immeuble de rapport, vous êtes propriétaire de plusieurs appartements. Vous avez donc toujours la possibilité de créer une copropriété et de vendre l'un des appartements. Vous pourrez, sous certaines conditions, utiliser la somme reçue lors de la vente comme apport pour une future acquisition.

En outre, vous ferez normalement une plus-value, car, comme nous l'avons vu en partie III, le prix au mètre carré d'un appartement au détail est bien supérieur à celui de l'immeuble acheté en gros.

Dans tous les cas ne faites cela qu'avec l'accord explicite de votre banque, cela va de soi. Et ce même si, sur certains forums, des petits malins se vantent d'avoir revendu des appartements et conservé le crédit, le tout sans en informer leur banque.

L'important à ce stade n'est pas de connaître tous les détails des techniques permettant de se refinancer, mais de savoir que ces techniques existent et que, si vos projets tiennent la route, vous trouverez toujours une façon de les financer.

3. Investir pour quoi faire ?

Faut-il attendre 25 ans pour toucher des revenus ?

Nous avons vu que des investissements locatifs qui s'autofinancent vous permettront de vous constituer un patrimoine très important. Une fois les crédits remboursés, ces biens vous procureront des revenus qui peuvent être très élevés.

Le problème est que, comme nous l'avons vu en partie V, un bon crédit est un crédit sur 25 ans, ou 20 ans si votre banque refuse 25. Si vous réussissez à faire un certain nombre d'investissements, peut-être souhaiterez-vous toucher des revenus avant l'an 2040.

Heureusement cela est tout à fait possible et deux méthodes existent.

Revendez

Au bout de 10 ou 15 ans, vous aurez remboursé une part significative de vos emprunts. Pour simplifier disons que vous en aurez remboursé la moitié. Prenons un exemple concret : vous avez acheté pour 500 000 € de biens locatifs et il vous reste 250 000 € à rembourser.

Il vous suffit de revendre la moitié de vos appartements et de rembourser votre crédit. Il vous restera 250 000 € de biens immobiliers, qui vous procureront un revenu annuel de 25 000 € environ.

Cette hypothèse est prudente et considère que la valeur de vos biens immobiliers n'a pas augmenté. En pratique, grâce à l'inflation, vos biens vaudront davantage, disons 600 000 €. Après avoir remboursé la banque il vous restera 350 000 € de biens immobiliers, soit un revenu encore plus confortable.

Ce scénario présente toutefois un inconvénient : votre patrimoine cesse de s'accroître lorsque vous décidez de toucher vos revenus. C'est plutôt dommage car vous étiez bien parti jusqu'ici.

Mieux : refinancez

Il existe une meilleure solution. Conservez plutôt tous vos appartements et faites-les refinancer en reprenant un crédit sur 20 ou 25 ans. Ceci divisera vos mensualités par deux environ.

Ainsi, vous serez toujours propriétaire de biens immobiliers d'une valeur de 500 000 € (au minimum), qui vous procureront des revenus de 50 000 € environ. Vous devez 250 000 € à la banque et vous décidez de refinancer cette somme sur 20 ou 25 ans. Vous paierez donc, chaque année, environ 15 000 € à votre banque et il vous restera 35 000 € que vous pourrez utiliser. Et dans 20 ou 25 ans (soit 35 ou 40 ans après le début du crédit) vous serez propriétaire de l'intégralité de vos appartements.

Certes c'est très long, mais vous avez le beurre et l'argent du beurre : des revenus au bout de 10 ou 15 ans, puis, au bout de 25 ans, la pleine propriété de la totalité des biens, sans avoir eu à revendre quoi que ce soit.

Les chiffres ci-dessus sont bien sûr très grossiers. En outre rien ne dit que ce scénario sera possible, car il est possible que dans 10 ou 15 ans les taux d'intérêts soient tellement plus élevés qu'un refinancement sur 20 ou 25 ans ne fasse pas beaucoup baisser votre mensualité. En fait ces exemples visent seulement deux choses :

- vous faire comprendre le principe d'une telle démarche

- vous convaincre que constituer un patrimoine est toujours une bonne chose : il existe toujours des moyens pour transformer votre patrimoine en revenus, même si vous n'avez pas encore fini de payer vos crédits.

Conclusion

J'espère que cet ouvrage vous a ouvert des perspectives et vous a donné l'envie d'investir. J'espère également qu'il vous a un peu « secoué » et que vous y avez trouvé des informations inattendues. Je pense en tout cas que vous avez maintenant conscience que l'immobilier est avant tout une question de stratégie, et non une succession d'informations techniques comme on peut en trouver dans certains livres ou sur internet. Si tel est le cas mon objectif est atteint.

Je ne souhaite pas épiloguer mais je voudrais insister sur une chose : la nécessité de vous former. Je l'ai dit et je le répète, dans l'immobilier, ce que vous savez vaut des dizaines de milliers d'euros, et ce que vous ne savez pas vous coûte des dizaines de milliers d'euros.

Je vous recommande plutôt les blogs d'investisseurs que l'on trouve sur internet : c'est là que vous trouverez des informations de première main, provenant d'investisseurs sérieux. A contrario, évitez les livres grand public (sauf celui-ci bien sûr), surtout ceux qui vous détaillent à longueur de chapitre les divers dispositifs défiscalisants.

Bon vent !

Remerciements

Mes remerciements vont avant tout à mes proches qui m'ont soutenu et qui continuent à le faire.

Je souhaite également remercier tous mes lecteurs, en particulier ceux d'entre vous (et vous êtes nombreux) qui m'avez fait un retour pour me dire à quel point ce livre vous a fait progresser en vous aidant à voir les choses différemment. Cela fait chaud au cœur de voir que simplement partager mon expérience a pu ouvrir des portes à un grand nombre de personnes !

Annexes

1. Glossaire sans langue de bois

110% : indispensable pour que votre achat ne vous coûte rien. Il vaut toujours mieux utiliser l'argent des autres, en l'occurrence celui de la banque, pour payer les frais de notaire et de garantie. Toutefois très difficile à obtenir.

25 ans : la meilleure durée pour un crédit immobilier. La seule façon que votre investissement vous rapporte de l'argent chaque mois au lieu de vous en coûter. A défaut, 20 ans est acceptable.

Achat-revente : présenté par certain comme le Graal de la fortune immobilière. Permet de faire d'importantes plus-values. A réserver aux initiés.

Acompte : il vous sera parfois réclamé lors du compromis de vente. Essayez de l'éviter.

Acte authentique : acte de vente devant le notaire. C'est à ce moment que le transfert de fonds a lieu.

Actif : ce qui vous rapporte de l'argent. Contrairement à ce que vous disent les banques, votre résidence principale n'est pas un actif, en général (sauf si votre mensualité vous coûte moins cher que le loyer que vous auriez payé).

Ami : personne qui vous veut du bien et qui vous prodigue ses conseils. N'y connaît rien en immobilier dans 99% des cas.

Amortissement (comptable) : comptablement, votre bien perd de la valeur chaque année. Même si en réalité ce n'est pas le cas, puisque la plupart du temps les prix de l'immobilier augmentent. Cette perte de valeur diminue les bénéfices de votre SCI et donc diminue votre impôt sur les sociétés.

Amortissement du capital : chaque mois vous remboursez à la banque une part d'intérêts et une part du capital. Cette part est parfois appelée l'amortissement du capital. C'est une notion distincte de l'amortissement comptable de votre bien (voir ce mot).

Apport : les banques (et certains conseillers) veulent absolument vous convaincre d'en mettre le plus possible. Une seule règle : mettez en le moins possible, voire pas du tout.

Artisan : créez-vous un réseau en les sélectionnant soigneusement puis en conservant de bonnes relations.

Assurance (d'un prêt) : rembourse le prêt à la banque si vous ne pouvez pas rembourser suite à un accident de la vie (décès, invalidité...). C'est une notion différente de la garantie (voir ce mot). Les banques cherchent à vous vendre un maximum d'assurance. Pour du locatif, faites le contraire et prenez le minimum.

Assurance-vie : un produit d'épargne bénéficiant d'une fiscalité faible.

Banquier : ce n'est pas un grand ponte tout-puissant. Si vous vous créez un bon réseau de courtiers vous n'aurez d'ailleurs quasiment pas à en voir.

Bénéfice : généralement nul pour une société réalisant un investissement locatif, grâce à la déductibilité des intérêts d'emprunt et des amortissements. Permet de ne payer quasiment aucun impôt sur les sociétés pendant des années.

Bourse : procure des rendements bien supérieurs à l'immobilier... mais sur des sommes d'argent dix fois plus faibles puisque vous ne pouvez pas avoir recours au crédit.

Boutique : les murs de boutiques procurent un rendement un peu plus élevé que les locaux d'habitation. Une bonne opportunité pour les investisseurs avertis.

Campagne : l'immense majorité des gens ne penserait jamais y investir. On y trouve pourtant les meilleurs rendements.

Cash-flow : votre objectif premier. La différence entre les loyers, nets de toutes les charges, que vous encaissez, et les mensualités que vous versez à la banque. Il doit absolument être positif si vous voulez mieux vivre grâce à l'immobilier, et non vivre pour acheter de l'immobilier.

Caution : acte par lequel une personne s'engage à payer un crédit à la place du débiteur si celui-ci est défaillant.

Caution simple : en cas d'incident de crédit la banque poursuivra le débiteur, puis, ses démarches ayant échoué, se retournera contre la caution.

Caution solidaire : sorte de caution renforcée. En cas d'incident de crédit, la banque peut chercher à récupérer son argent indifféremment auprès du débiteur ou de la caution solidaire. En pratique les cautions demandées par les banques sont quasiment toujours des cautions solidaires.

Caution (organisme de) : Crédit Logement et quelques autres organismes vous permettent de garantir votre prêt en se portant caution pour vous. Ceci remplace, pour moins cher, une hypothèque ou un IPPD.

Centre-ville : pour certains, le seul endroit où l'on peut acheter sans prendre de risques. Pour l'investisseur averti, un endroit intéressant seulement dans les petites villes dont les prix en centre-ville n'ont pas encore flambé.

Compromis de vente : contrat de vente signé sans la présence d'un notaire. Un acompte peut être demandé à cette occasion.

Conseiller en gestion de patrimoine : pratique pour ceux qui disposent déjà d'un patrimoine conséquent. Pour ceux qui en sont à leur premier achat immobilier, source d'erreur dans 90% des cas ;

Courtier : votre ami dans la jungle des financements bancaires.

Crédit : la meilleure façon de vous créer un patrimoine.

Crédit logement : Voir Caution (organisme de).

Chasseur immobilier : votre meilleur ami s'il est bon. N'oubliez pas la bouteille de vin.

Démembrement : technique présentée par certains comme permettant d'acheter de l'immobilier à bas prix. Le prix bas a une raison : vous ne toucherez aucun loyer durant toute la période pendant laquelle vous serez nu-propriétaire. Vous devrez donc rembourser votre banque avec votre seule épargne.

Effet de levier : l'art d'acheter 150 000 € d'immobilier avec 10 000 € sur son compte en banque.

Endettement (taux) : pour certains, 33%. Pour d'autres beaucoup plus, sans qu'il n'y ait de plafond bien défini.

Frais de dossier : frais que vous font payer les banques pour établir votre dossier de prêt. Certains en font tout un plat. L'investisseur avisé s'en fiche et sait que l'important est de trouver un financement à 100% ou 110% sur 20 ou 25 ans.

Frais de garantie : frais liés à l'établissement d'une garantie (voir ce mot). La caution est la moins chère, l'hypothèque la plus chère.

Frais de notaire : 7% de la valeur du bien environ partent en impôts à chaque transaction. C'est une bonne raison pour acheter des biens et les conserver.

Garantie : une sûreté pour donner confiance à la banque. C'est une chose différente de l'assurance, qui intervient en cas d'accident de la vie (décès, invalidité). La garantie peut être une caution, un IPPD ou une hypothèque.

Hypothèque : l'une des trois façons de garantir un prêt, avec la caution et l'IPPD. Tant qu'un bien est sous hypothèque, la banque peut le faire saisir si vous ne remboursez pas votre prêt. Et ce même si le bien n'est plus à vous.

Immeuble de rapport : peut faire peur au début. Pourtant l'une des meilleures façons de se créer un patrimoine.

Impôts : le mal absolu pour certains, qui sont prêts à engloutir des fortunes dans des achats défiscalisants hasardeux pour les éviter. L'investisseur averti sait que s'il paie des impôts c'est en général qu'il gagne de l'argent, ce qui est plutôt une bonne chose.

Impôt sur le revenu : préférez l'impôt sur les sociétés.

Impôt sur les sociétés : 15% jusqu'à 38120 € de bénéfice, 33,33% au-delà. Mais l'important n'est pas là, il est dans la définition du mot bénéfice (voir ce mot).

Incident de crédit : terme utilisé par les banques pour désigner un impayé.

Indépendance (d'un conseil) : la première qualité d'un conseiller. C'est pourquoi vous devez prendre vos propres intermédiaires (chasseur immobilier, notaire...).

Intérêts : payer des intérêts est pour certains le mal absolu (après les impôts). L'investisseur averti regarde seulement le montant global de la mensualité (capital et intérêts) et s'assure qu'elle est bien inférieure aux loyers qu'il encaisse.

Investissement : achat d'un actif (bien immobilier, actions...). Contrairement à ce que vous dit votre banque l'achat de votre résidence principale n'est souvent pas un investissement mais une dépense.

IPPD : comme une hypothèque en un peu moins cher (pas de frais d'enregistrement à la conservation des hypothèques).

Local commercial : voir boutique.

Locataire : vous permet de rembourser la banque grâce aux loyers qu'il vous paie. A choyer.

Location saisonnière : présenté comme l'une des meilleures façons de générer des revenus conséquents grâce à un achat immobilier. Ce qui est vrai, mais c'est aussi un vrai métier.

Loyers : il n'y a aucun problème à en encaisser, tout en en payant un vous-même chaque mois. Contrairement à tous ceux qui vous font croire qu'il est obligatoire d'acheter sa résidence principale avant d'investir.

Mensualité : doit rester largement inférieure aux loyers (ceux que vous encaissez s'il s'agit d'un investissement locatif, celui que vous payiez auparavant si vous projetez d'acheter votre résidence principale).

Murs commerciaux : voir boutique

Négociation : phase complexe de l'achat immobilier. A déléguer à votre chasseur.

Neuf : ou comment payer 20% plus cher un bien qui vous rapportera au maximum 10% de plus en loyers.

Notaire : comme le banquier, il s'agit d'un prestataire comme un autre. Vous êtes le client et vous choisissez celui qui vous paraît bon.

OBO : voir vente à soi-même

Paris : n'y achetez surtout pas, à moins d'être déjà riche.

Parking : une bonne façon de gagner de l'expérience dans l'immobilier.

Passif : tout ce qui vous coûte de l'argent, en particulier votre maison et votre voiture.

Promoteur : ils vendent des logements neufs, a priori vous n'aurez pas à traiter avec eux, sauf pour votre résidence principale (éventuellement) ou pour un investissement défiscalisant.

Province : on peut y trouver des rentabilités intéressantes, en particulier dans les petites villes.

Rentabilité brute : chacun a sa définition. De façon générale il s'agit des loyers encaissés divisés par le montant de votre investissement. En dessous de 10%, fuyez.

Rentabilité nette : chacun a aussi sa définition. Loyers encaissés, nets de toutes charges, divisés par le montant de votre investissement. Toute la subtilité consistant à ne rien oublier dans les charges qu'il faut déduire. En dessous de 7%, fuyez.

Résidence principale : à acheter ou à louer, c'est selon. Mais c'est un choix à mûrir longuement.

Retraite : l'heure à laquelle certains pense à toucher des revenus de leurs biens immobiliers. Pour d'autres c'est bien avant.

SCI : société civile immobilière. Préférez-là à l'IS.

SCPI : société civile de placement immobilier. Très pratique mais au rendement insuffisant pour que vous vous y intéressiez.

Stratégie : en avoir une est la seule façon d'éviter les erreurs à 100 000 €.

Studio : très souvent le début de l'investissement immobilier, mais ce n'est pas l'investissement idéal. Un peu trop petit pour être vraiment rentable (préférez l'immeuble de rapport), un peu trop gros pour que vous puissiez vous permettre de faire une erreur (préférez la place de parking).

Taux d'endettement : voir endettement

Taux d'intérêt : aspect finalement assez peu important de votre recherche de crédit immobilier, bien que la plupart des gens ne parlent que ce ça.

Taxe foncière : vous la payez pour tous les biens que vous possédez au 1er janvier. Peut varier fortement selon les communes. Ne l'oubliez pas dans vos budgets, qu'il s'agisse d'un achat de résidence principale ou d'un investissement.

Terrain : certains en achètent pour les revendre lorsqu'ils seront constructibles. En attendant ce n'est pas cela qui paiera votre crédit. A oublier tant que vous n'êtes pas riche.

Taxe d'habitation : vous la payez pour tous les biens dans lesquels vous êtes susceptible d'habiter : résidence principale, résidence secondaire.

TVA : peut vous concerner si vous louez un local commercial à une entreprise.

Vente à soi-même : technique permettant de trouver de la trésorerie tout en gardant votre résidence principale.

Viager : Voir démembrement.

2. Courte bibliographie

On trouve beaucoup de mauvais livres de stratégie et de conseil. Et ceux qui sont bien faits ne sont pas forcément pertinents dans votre cas. Vous seul pouvez déterminer votre stratégie. C'est pourquoi la bibliographie qui suit est surtout « technique » : elle vise à vous permettre de creuser tel ou tel point dont vous auriez besoin pour mettre en œuvre votre stratégie.

Elle est volontairement succincte puisque le but n'est pas de vous noyer sous l'information. Comme vous ne pouvez et ne devez pas tout lire, une sélection doit rester... sélective.

Juridique
Dénos, Pascal, *Le guide pratique de la SCI, Eyrolles*

Comptabilité
Thibault, Laurence, *La Comptabilité Pour les Nuls*

Location
Le Boulc'h, Jean-Louis, *Les nouvelles règles de la location meublée*

Formation en ligne à la location saisonnière : Seban, Olivier, *formation location saisonnière*

Productivité et motivation
Ferriss, Timothy, *The Four Hour Work Week*

Stratégie
Tout de même quelques rares livres pour vous aider à définir votre stratégie :

Dereeper, Charles, *acheter ou louer votre logement principal* : bien que je n'aime pas du tout le ton, très polémique, de cet ouvrage, les analyses sont tout à fait justes et pertinentes.

Seban, Olivier, *Tout le monde mérite d'être riche* : ce n'est sans doute pas votre objectif si vous en êtes à votre premier achat immobilier, mais ce livre a ouvert des portes à bien des lecteurs.

www.ingramcontent.com/pod-product-compliance
Lightning Source LLC
Chambersburg PA
CBHW071548200326
41519CB00021BB/6652